异见时刻

"声名狼藉"的金斯伯格大法官

NOTORIOUS RBG

THE LIFE AND TIMES OF RUTH BADER GINSBURG

［美］伊琳·卡蒙（Irin Carmon）& 莎娜·卡尼兹尼克（Shana Knizhnik）——著　骆伟倩——译

湖南文艺出版社
HUNAN LITERATURE AND ART PUBLISHING HOUSE　　博集天卷
CS-BOOKY

NOTORIOUS
RBG

献给金斯伯格

我们都站在这位巨人的肩膀上

序 言

————————————

　　早在 1978 年，作为美国律师协会十二人代表团的成员，我第一次造访了中国。当时中国没有律师；一些在"文化大革命"前取得了法律学位的人被称作法律工作者。在"文化大革命"期间，所有法学院都关闭了。1978 年，北京的法学院刚刚恢复正常教学，全面的法律、法规尚未成形。

　　2005 年，我受到中国最高人民法院的邀请再次造访中国。我目睹了怎样的巨变！法律条文、法学院与律师的数量激增，再也没有人以怀疑的眼光来看待"律师"一词。

　　1978 年在与中国女性组织的会谈中，我发现撇开中国政府特有的计划生育政策不谈，两国女性的处境有着许多相似之处。是的，不论中美，双职工家庭已成为常见的家庭模式。但在家庭生活中，女性却承担了家务与育儿的主要责任。"他除了把垃圾拎出去什么也不干。"女人们抱怨道。我们认为，在父母双方共同分享家庭幸福、共同分担家庭责任之前，真正的男女平等不可能实现。

　　到了 2005 年，两国人民都更深刻地意识到了男人和女人都对家庭有着不可推卸的责任，但在此方面我们都还有着相当长的路要走。今天依然如此。

　　我很荣幸《异见时刻："声名狼藉"的金斯伯格大法官》得以在中国出版。我希望读者们能在本书中发现某些场景似曾相识，某些时刻振奋人心。

——美国联邦最高法院大法官鲁思·巴德·金斯伯格

2018 年 6 月

Introduction for Chinese Translation
of *Notorious RBG*

I visited China first in 1978 as one of twelve members of an American Bar Association delegation, the first to visit the People's Republic. There were then no lawyers in the country; some with pre-Cultural Revolution law degrees were called legal workers. All the law faculties had been shut down during the Cultural Revolution. In 1978, the Beijing law faculty had just reopened. Comprehensive law codes had not yet been formulated.

I next visited China in 2005, as a guest of the Supreme People's Court. What enormous changes I witnessed! Laws, law faculties, and lawyers had proliferated. The term "lawyer" was no longer viewed with suspicion.

In meetings with women's organizations in 1978, I found a remarkable resemblance to women's situation in my own country—moving past the official government policy in China restricting the number of children each family could bear. Yes, two wage earners in a family had become the common pattern. But at home, women carried prime responsibility for housekeeping and child care. "He should do more than take out the garbage," the women complained. True equality would not be achieved, we agreed, until family joys and burdens are shared evenly by both parents.

By 2005, in both countries, there was greater recognition that men as well as women bear responsibility for home and family life. But there remained—and remains today—some distance to go in China and in the United States in that regard.

I am honored to have *Notorious RBG* published in Chinese translation, and hopeful that readers will find in it some things familiar and some things uplifting.

Ruth Bader Ginsburg

June 2018

译者序

　　第一次读到金斯伯格大法官的故事时，我正在弗吉尼亚大学法学院攻读法律博士（Juris Doctor）学位。一口气读完了这本书之后我立马想把它翻译成中文——我想把它献给国内那些和我一样在学习法律但时常会对自己未来职业发展和奋斗方向感到困惑的学生，那些和我一样从小经历过许多因为性别而造成的迷茫与焦虑但依然努力前进的女性，以及那些对美国法律体系，特别是有关女性与少数族裔权益的法律感兴趣，却不知从何开始了解的人。

　　不论以何种方式界定，鲁思·巴德·金斯伯格（在美国，人们一般亲切地称她为RBG）都是一位传奇的女性。自1993年被时任总统比尔·克林顿提名成为终身任职的最高法院大法官后，金斯伯格已成为现任九位大法官中资历最长的自由派大法官。在此之前，作为诉讼律师的金斯伯格曾是美国二十世纪六七十年代女性权益运动法律策略的制定者——她曾六次在美国最高法院中为女性权益进行辩护，其中包括被载入史册的1971年经典案例"里德诉里德案"。在这个案件中，作为原告辩护律师的金斯伯格在辩护状中写道："那些阻止女性充分参与政治、商业和经济领域的法律常常被描绘成'保护女性'或是为女性着想……女性看似是被捧在高台上细心呵护，但细看之下却是被关在了伪装成高台的牢笼之中。"本书中还汲取了许多金斯伯格类似的精彩论点，它们不仅有着超出了其时代的睿智，在今天看来对于女性权益的发展也充满了隽永深刻的借鉴意义。

　　在成了最高法院大法官后的二十五年间，金斯伯格一直努力捍卫着女性与少数族裔的公平权利。她无所畏惧的犀利言论为她赢取了无限的尊重和关注，她极佳的时尚与艺术品位和戏剧化的人生经历更是让她成了美国普遍民众，特别是年轻女性心中的偶像。金斯伯格是美国建国以来当之无愧的最受公众关注与喜爱的大法官，在美国社交媒体上她甚至成了一个风靡多年的文化标签（书中会提到至少有三个人把金斯伯格大法官的头像文在了自己身上）。

生于1933年的金斯伯格已达耄耋之年，但几十年不变的勤奋与自律让她依然保持着极高的工作强度——已是八十五岁高龄的她依然经常工作到凌晨两三点，更不用说她曾两次成功战胜癌症，坚持每星期健身两次，现在还能一口气做二十个俯卧撑。金斯伯格这种对于工作与生活的热爱，时常让比她年轻了半个多世纪的我感到汗颜，每每想至此也会让我反思自己还存在的许多不足。

作为一位出生成长于特殊历史环境的犹太女性，金斯伯格的人生中曾遭受过许多不公。她曾因为自己的性别，手握哥伦比亚法学院全校第一名的成绩却被律所和法院拒之门外；她也曾在好不容易找到工作后却因怀孕而被扫地出门。在性别歧视横行的时代中公然反抗性别刻板印象并最终登顶美国法律职业金字塔的顶端，金斯伯格不仅是敢于为弱者发声的异议者，她更是披荆斩棘的乱世英雄。在她的设想中，在一个公平、平等而自由的社会中，男人与女人应当并肩合作，为着男女平等这一目标共同奋斗。毕竟，在她看来，女性权益从来都并非只是女性的问题——男性想要得到解放，女性必须自由，反之亦然。

我与金斯伯格大法官一样，是一位不折不扣的女性主义者。现在中国的许多地方与金斯伯格成长起来的美国社会一样，女性主义者的标签时常与强势、不讨喜、婚姻不幸联系在一起。这种刻板印象并非全无道理——在东亚社会女性以柔顺为美德的文化中，女性主义者有时确实显得过于执拗和清高。社会对于女性的充满偏见且不切实际的期望，加上许多男性习惯于现有社会文化默认的性别分工，理所应当地享受着男权社会给他们带来的各种福利，而不愿以平等尊重的方式去组建自己的家庭，导致了越来越多优秀的女性哪怕孤独一生也绝不随便找人将就着进入婚姻。

在这个意义上，人生曾有过诸多不幸的金斯伯格又是极度幸运的。她不仅有着一个幸福的家庭，她与先生马丁之间热烈的爱情更是持续了近六十年之久。1954年刚从康奈尔大学毕业的金斯伯格就与自己的学长马丁举办了婚礼。在那个年代，美国社会依然充满了对于女性的偏见。当时，对绝大多数女性来说，高学历等同于不够女性化和不适合做妻子和母亲。许多女性因此放弃了接受高等教育和发展事业的机会，转而专心相夫教子。但马丁不仅真心地尊重金斯伯格作为个体的存在，并为她的独立与个性感到骄傲，还会时常跟别人赞美自己的妻子有多么优秀。在他们的家庭中，从来没有什么是女性"应该"做的事。对他们俩来说，男女都不应受到性别刻板印象的限制，而应当可以充分、平等地参与家庭和工作。马丁曾告诉过一个朋友："我认为我做的所有事中最重要的一件就是帮助鲁思成就了她现在的事业。"这种对于彼此真切的尊重与欣赏让他们度过了半个多世纪的风风雨雨，直至马丁于2010年去世，他们都依然处于热恋之中。

从2016年起，美国进入了一个新的时代。许多曾经习以为常的社会准则都在潜移默化地发生着变化——种族平等、女性权益、性取向自由等诸多政治话题的讨论都有了微妙变化的新鲜语境。说一句老生常谈的话，这是一个最好的时代，也是一个最坏的时代。早在1848年，于塞尼卡瀑布城发表的《情感宣言》中就已经指出："我们认为，男女生而平等是不证自明的真理。"金斯伯格们的努力让女性在法律上得到了最基本的平等权利，但要想在社会、文化、政治、经济上消除性别不平等依然道阻且长。金斯伯格曾说过："人不可能一下子就接受一个观念……社会变革需要逐步累积、循序渐进。真正的、可持续的改变需要一步一个脚印才会发生。"保持耐心，一步一个脚印，这也是金斯伯格给我们最好的忠告。

金斯伯格传奇的一生能够给予读者的感动与鼓舞远非我能在短短两三千字中写完。这本书很好地提炼了她人生中最为闪耀和最为困难的片段，让读者可以看到一个丰满的、真实的、有许多缺点，但又非常、非常可爱的金斯伯格大法官。如果我的翻译能够让你认识这位传奇的女性并对美国法律体系产生那么一点点的了解和兴趣，我深感荣幸。

在此特别感谢我的母亲骆文君女士，她是一位和金斯伯格一样伟大的女性——她也许从未在理论上学习过女性主义，也不曾听说过金斯伯格，但她内心独立人格的觉醒和对于自我实现的执着指引着她以超越了自己时代的坚强、乐观与独立去拥抱了广阔的世界，书写了自己的人生。她是和金斯伯格一样披荆斩棘、光芒万丈的乱世英雄，也是我最初的女性主义榜样。最后感谢我最好的朋友袁幼林，他每日不间断的赞美、鼓励与支持让我敢于做最好的自己。

——骆伟倩
2018年6月于美国华盛顿特区

目　录

CONTENTS

作者手记

Authors' Note

———

　　大家好，我是伊琳。一本书哪怕只有一位作者，它出版的过程也会包含许多人的协作。而本书的作者就有两位，因此有必要向读者们做一下自我介绍，并简单介绍一下本书的创作过程。莎娜还在法学院念书时，为了向最高法院大法官鲁思·巴德·金斯伯格致敬，创建了"声名狼藉的金斯伯格"[1]轻博客，旋即引发了世界性热潮。而我是一名记者，曾代表微软全国有线广播电视公司采访过金斯伯格。我和莎娜都是喜爱网络的千禧一代，但我们希望能够写出一些可以真正让人们愿意拿在手上阅读的文字——或至少让他们在电子设备上阅读的时间会比浏览网页长一些。我们共同研究、创作了这本书。我是主笔，因此，书中的"我"指的是伊琳；而莎娜负责梳理图片和核查事实。书中引用了金斯伯格本人的话，包括 2015 年 2 月我对她的采访，同时也引用了我们对她家人、密友、同事和法官助理们的采访。我们深入探查了国会图书馆中的金斯伯格档案（如果想看她在 1976 年某个会议上开小差时的涂鸦，请直接翻到本书的最后几页）。我们对在本书创作中提供帮助的人们表示感谢，在书末尾的注释中我们列出了所有引用的来源。2015 年 5 月，金斯伯格大法官慷慨地抽出时间与我会面，耐心地核对了书中事实，我还因此得以在最高法院里发短信骗男朋

———

[1] 这是金斯伯格粉丝们对她的爱称，模仿了美国著名黑人说唱歌手克里斯托弗·华莱士的绰号"声名狼藉先生"（Notorious B.I.G）。这个爱称凸显了金斯伯格为弱势群体仗义执言、不畏世俗眼光的形象。

友说联邦法警现在要去抓他。

　　为表达对"声名狼藉先生"[1]的敬意，本书章节名的灵感均来源于他的歌词。感谢"声名狼藉先生"的继承人及其生前所在的索尼音乐公司允许我们使用这些歌词。女性涂鸦组织经营者兼艺术家玛利亚·卡斯蒂洛为本书的英文版章节标题设计了精美的字体（中文简体版未保留）。书中收录的图片有一部分是首次曝光；本书还收录了一些艺术创作，这些作品充分展现了艺术家们对金斯伯格的敬爱。

　　如果你想知道一位被世人低估的女性如何改变了这个世界，而且直到现在还在不懈努力，不要错过这本书。如果你想知道如何能与金斯伯格一样，耄耋之年还能做二十个俯卧撑，本书中也有一个章节专门写给你。我们还很幸运地请到了几位当代美国法律界最杰出的人士为本书中收录的金斯伯格法律意见批注解释。

　　金斯伯格的人生杰出非凡，但她从不愿独享战果。她致力于帮助女性和所有弱势群体，她在看似矛盾无法调和的情况下仍努力与同事合作。诚实地说，我们依然惊叹于我们所了解到的这个金斯伯格，能把她的人生故事与你们分享，不胜欣喜。

[1] 指克里斯托弗·华莱士。

Notorious

异 见 时 刻

Chapter

1

"声名狼藉"

"当我工作时，我从不考虑我做的事能否鼓舞人心，我只竭尽全力做到最好。"

—— 金斯伯格，于 2015 年

　　这是一个略有些闷热的 6 月清晨，各大新闻社的实习生们在美国最高法院公共信息办公室中焦急地等待着。他们身着职业套装，脚上却穿着运动鞋。一拿到判决书，他们就要飞奔下最高法院前的大理石台阶，把它们交到现场直播记者手中。判决书被装在大纸盒中，由法院工作人员搬出来。一般一个纸盒里有一到两个案子的判决书，重要的案子单独放。最高法院依然坚守着这些看似古怪过时的传统，是因为不想媒体进入法院大肆喧闹。直到今日，摄像机仍被禁止带入法庭。

　　肃静的法庭中正发生着戏剧性的一幕。大法官席上方的浮雕装饰带上雕刻着包括摩西 [1] 和汉谟拉比 [2] 在内的一众古代立法者形象，在他们的俯瞰下，联邦法警板着脸要求全场肃静。最高法院依旧遵循着百年传统，每个大法官的座位下都放着一个陶瓷痰盂 [3]。十点整，提示大法官

[1] 《圣经》中记载，摩西是公元前 13 世纪时犹太人的民族领袖、先知和立法者。
[2] 汉谟拉比是古巴比伦王国的第六任国王，也是制定了《汉谟拉比法典》的著名古代立法者。
[3] 现在被用作废纸篓。

入席的蜂鸣器响起，观众全体起立。随着法警"肃静，肃静，肃静"的叫声，鲁思·巴德·金斯伯格大法官，也就是人们熟知的RBG[1]，走进法庭，在大法官席的红木长桌后就座。人们都在观察她的颈部，当自由派人士看到她今天佩戴的颈饰时，他们大失所望。金斯伯格在惯常的黑色大法官长袍外搭配了琉璃细珠串成的扇形颈饰，而她只有在要发表异议时才佩戴这个颈饰。这意味着金斯伯格代表的自由派在今天将要宣判的议题上输了，保守派又一次获得了胜利。

今天是2013年6月25日，八十岁高龄的金斯伯格端坐在最高法院大法官席上，标志性的颈饰在光线照射下反射着黄蓝色的光。到今年，她已就任最高法院大法官二十年了。在巨大黑色高椅的映衬下，她看上去越发伛偻瘦弱。事实并非如此：当她两次罹患癌症时，人们就认为她要倒下，他们两次都错了；当她深爱了五十六年的丈夫马丁·金斯伯格去世时，人们猜她会从此一蹶不振，他们又错了。金斯伯格依然每天出现在最高法院，从未缺勤一天。她依然通宵工作，常常凌晨两三点还在给她的助理留语音信息指导工作。

今天要宣判的案子让许多人在前一天一夜无眠。平日里，坐在法官席右起第三位[2]的金斯伯格偶尔会走神，凝视着法庭中的大理石柱怀疑自己还在做梦。但今天，她的全部注意力都集中在她面前的笔记上。虽然异议意见书早就写好了，但金斯伯格还有一些话不吐不快。她飞快地

---

[1] RBG是鲁思·巴德·金斯伯格（Ruth Bader Ginsburg）的简写。在美国，人们一般直接简称她为RBG。

[2] 美国最高法院大法官在法官席上按照资历入座。首席大法官坐在正中间，资历最长的大法官坐在其右首，第二长在其左首，依次轮换排列。2013年时，根据金斯伯格的座席，她是当时就任九位大法官中除首席大法官外资历第四的大法官。

写着潦草的笔记，完全无视她左侧塞缪尔·阿利托大法官[1]在宣读的判决书。阿利托读了两份判决书，一份有关土地权争议，另一份有关美国原住民法律中的抚养权问题。那些新闻媒体可不是为了什么土地或抚养权的案子而来，今天的重头戏在最后一个案子：谢尔比县诉霍尔德案，涉及《选举权法》中重要条款的合宪性。首席大法官约翰·罗伯茨[2]

[1] Samuel Alito，2006 年由小布什总统提名成为最高法院大法官，任职至今。
[2] John Roberts，2005 年由小布什总统提名，现任最高法院首席大法官。

亲自撰写了判决书[1]，并将当庭宣读。

罗伯茨大法官来自美国的中西部，看起来和蔼可亲、彬彬有礼。当他还是律师时，他简洁优雅的表达方式令他在法庭辩论中大放异彩。"选举中确实不应存在种族歧视，"罗伯茨在宣判时说道，"但五十年前那样严重的种族歧视在我国已不复存在。"

二十世纪民权立法的重要进程诞生于暴力之中：在费城和密西西比，民权斗士们被杀害时痛苦的面容还历历在目；在萨尔玛城，亚拉巴马州警打碎年轻的约翰·路易斯头颅的惨剧也还没过去多久。实际上，这次对《选举权法》合宪性的质疑就来自距离萨尔玛城不到六十英里的地方。惨烈的种族歧视历史还未走远，罗伯茨却已在判决书中描绘出了一幅欢欣鼓舞的画面——黑人投票率的增长让奥巴马成了总统；亚拉巴马和密西西比这些曾经种族歧视最严重的州中也出现了黑人市长。即便国会在几年前刚刚投票确认了《选举权法》的必要性，罗伯茨依然认为种族歧视已是过去式，保护弱势种族选举权的条款也无继续存在的意义。

金斯伯格安静地等待着她宣读异议意见书的时机。宣读判决书是惯例，但宣读异议意见书却如同拉响警报，所有人都知道这是异议大法官对判决书的公开奚落。就在二十四小时之前，金斯伯格刚刚拉了两次警报。她在法官席上宣读了两份异议意见书，一份关于平权行动，一份关于职场歧视。当她严厉指责"多数大法官对于职场中的真实情况毫无了解"时，撰写了判决书的阿利托大法官翻着白眼摇了摇头。他的这种失

---

[1] 美国最高法院由九位大法官组成。五人多数便可以判决，判决书又称多数意见书。赞同判决书的大法官们被称为多数大法官，而反对判决书的大法官们则称为异议大法官。有些异议大法官会单独撰写异议意见书来阐述自己反对判决书的原因。

礼行为在最高法院宣判史上闻所未闻。

今天宣判时，金斯伯格的好友，已经卸任的桑德拉·戴·欧康纳[1]大法官坐在贵宾专区。她卸任后，总统任命了阿利托大法官接替她在最高法院的席位[2]。罗伯茨首席大法官宣读完判决书后，平静地说道："金斯伯格大法官提出异议。"

金斯伯格的声音随着年纪渐长而变得沙哑低沉，但那天早上，她宣读异议意见书的声音中却充满了激情。在她身侧，阿利托大法官用拳头支撑着面颊，僵硬地端坐着。金斯伯格强调，《选举权法》的神圣使命，是为了消除历史遗留的对少数族裔选民的压迫，即便这种压迫现在已不易察觉。最高法院的保守派大法官们本应恪守本职，尊重国会立法，限制司法权力，但今天他们彻底僭越了宪法为司法部门划定的权力界限。"今日本院判决对《选举权法》效力之削弱彰显了多数大法官们的狂妄自大。"金斯伯格在她的意见书中写道。现在之所以没有选举歧视，就是因为《选举权法》在发挥着作用，她补充道，在此刻废除它，就如同"因为没有淋湿，而在暴风雨中扔掉伞"一样荒唐可笑。

金斯伯格告诉法庭中的每一个人，废除《选举权法》将危害"先辈们曾梦寐以求的梦想，即平等公民权和不受种族限制的平等投票权"。这句话明显参考了马丁·路德·金的著名演讲《我有一个梦想》，但"平等公民权"对金斯伯格本人同样有着特殊的意义。

四十年前，作为律师的金斯伯格曾站在最高法院中，面对着当时的

[1] Sandra Day O'Connor, 1981 年由里根总统提名成为最高法院首位女性大法官，2006 年退休。

[2] 美国最高法院大法官一职为终身制，只在九位大法官中有人退休或逝世时，总统才有机会任命新的人选接替空缺的席位。

九位大法官，为平等公民权据理力争。她说，宪法规定女人有权得到平等的公民地位，他们有权和男人一样承担公民责任并享受公民义务。金斯伯格的人生中曾遭受过许多不公，她曾因自己的性别而被律所和法院拒之门外，也曾因怀孕而被解雇。但和马丁·路德·金不懈推动黑人权益运动一样，她也不懈地推动着女性权益运动。在金斯伯格的律师生涯中，她曾六次在最高法院中为女性权益进行辩护，其中五次都大获全胜。那些曾拒绝她的人一定想不到，金斯伯格竟能成为美国最高法院的大法官。

金斯伯格一直牢记母亲的建议：愤怒不过是浪费时间。她也记得婆婆对婚姻的建议：偶尔装聋作哑会让生活更轻松。这些建议曾帮她保持了良好的心态，不论是过去性别歧视在社会中毫无遮掩地盛行时、保守观念回归的二十世纪八十年代中，还是在她终身任职大法官观念多有冲突的最高法院里。但最近，金斯伯格厌倦了装聋作哑。她多年来奋力抗争的进程因为一系列四比五输给保守派的案子受到了严重威胁。罗伯茨首席大法官上任时保持中立的承诺似乎已不复存在。

在2012年到2013年审判年度中，金斯伯格宣读了五篇异议意见书，这个数字打破了近半个世纪的纪录。今天她对"谢尔比县案"的异议是2013年的最后一篇，也是最为激烈、愤怒的一篇。大约十点半，金斯伯格宣读的异议意见书中直接引用了马丁·路德·金的原话："道德世界的苍穹虽长，但它终将趋向正义。"然后，她用自己的话补充道："只要我们坚守承诺直到终点。"

虽算不上诗意，但完全是金斯伯格的风格。无论法庭内外，她一直坚守正义，言行一致。

人们不解，温顺谦恭的金斯伯格去哪儿了，这个斗志昂扬的女人从何而来。但事实上，金斯伯格一向如此。

不鲁思，无真相

2013 年 6 月 25 日的那个清晨，金斯伯格公开宣读了她对《选举权法》一案的异议，希望可以引起社会关注。事实如她所愿。民权运动英雄，现任国会议员约翰·刘易斯把本案判决形容为"一把插进《选举权法》心脏中的尖刀"。自由派人士在对这个判决感到愤怒而绝望的同时也十分佩服金斯伯格的仗义执言。"当时愤怒的情绪在网络上蔓延。"阿米娜托·索乌回忆道。索乌和她的朋友弗兰克·希是华盛顿特区里年轻的网络发展策略师。对他们来说，把个人经历变成易于在网络中传播的内容不过是小菜一碟。他们也想为这件事做点什么。希将西米·诺克斯创作的金斯伯格肖像放在红色的背景上，在肖像顶上加上了纽约先锋涂鸦艺术家让·米切尔·巴斯奎特画的小皇冠，索乌在旁边写上"不鲁思，无真相"，做成了一幅海报。在这幅海报中，金斯伯格眼神冷静睿智，嘴唇紧绷。索乌和希把这幅海报分享到了 Instagram[1]，并制作成贴纸，贴满了华盛顿的大街小巷。

在马萨诸塞州的坎布里奇市，二十六岁的法学生哈莉·杰伊·波普开始为金斯伯格作画。在她创作的

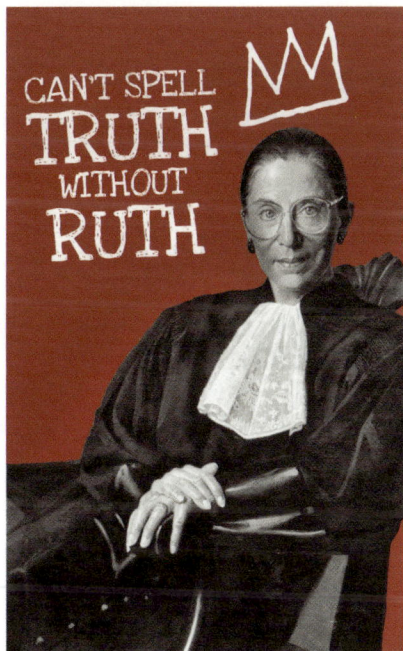

---

[1] 一款运行在 iPhone 平台上的图片分享应用程序。

Notorious R.B.G.

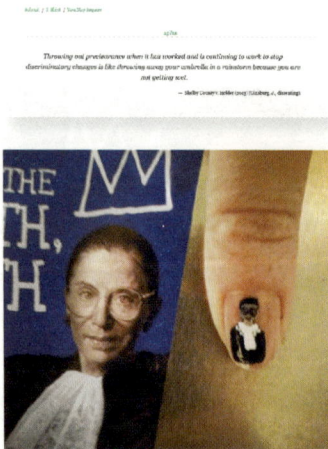

漫画故事中，金斯伯格一直耐心地向其他大法官解释这星期的判决都错在哪儿，但在她听到罗伯茨首席大法官在"谢尔比县案"中故作姿态地惊叹道"哈哈，种族歧视已经不存在啦"之后，终于勃然大怒。波普还制作了印有"我爱金斯伯格"的 T 恤来卖，并把全部利润都捐赠给了一个致力于保障公平选举权的机构。

在纽约，二十四岁的纽约大学法学生莎娜·卡兹尼克惊骇于最高法院削弱《选举权法》的举动。她唯一的安慰便是金斯伯格对此同样有着不可遏制的愤怒。她的同学安柯·曼得哈尼亚在脸书上开玩笑地把金斯伯格称为"声名狼藉的金斯伯格"，莎娜受到启发，开创了同名轻博客来向金斯伯格致敬。对她来说，把金斯伯格大法官和体重三百磅的说唱歌手"声名狼藉先生"华莱士 [1] 相提并论既是玩笑又是真诚的致敬。这两个人的对比实在鲜明——她是最高法院中的耄耋白人老太，而他是街头艺术界的早逝黑人男星；她不愿出风头，而他曾为了名望和人气而活。当然，他们之间也有共同点，比如说，他们都在纽约市布鲁克林区长大，再比如，金斯伯格这个柔声细语的娇小犹太祖母和华莱士这个趾高气扬的说唱歌手一样，擅长运用言语给人以心灵的重击。

以上对金斯伯格的致敬和赞许不过是"金斯伯格风潮"的开始。曾经，金斯伯格被轻蔑地描述为严肃古板的学者，不够激进的另类女权主义者，以及无聊落伍的作家。但现在她成了推特上流行的话题标签，她

[1] 美国著名黑人说唱歌手克里斯托弗·华莱士。

说的每句话都在网上疯传。甚至，新闻媒体在描述她说的话时，已不满足于"金斯伯格说"这种平淡的说法，而是在头版标题中表示金斯伯格"犀利地直指事物本质"。人们开始以"声名狼藉的金斯伯格"命名鸡尾酒——至少在两个城市中你可以喝到两种不同的"声名狼藉的金斯伯格"鸡尾酒。卡通频道中出现了名叫"拉思·霍弗·金斯波特"的卡通人物（"以收拾别人为人生使命"）。金斯伯格的肖像被制作成拼贴画，绘成了美甲图案，至少被三个人文在了自己的手臂上，还被加上幽默的双关语印制在各种情人节礼物和节日贺卡上。

成百上千的人们参照金斯伯格的形象来为自己和孩子们制作万圣节服装。到了 2015 年春季，只要有女人想要开个聪明的玩笑来表达自己是女权主义者，她们都一定会借用金斯伯格的大名——喜剧演员艾米·舒默，《丑闻》一剧中的莉娜·杜汉姆，以及《傲骨贤妻》剧组都这么做了。滑稽演员凯特·麦金农时常在《星期六夜现场》中扮演金斯伯格，她会精神抖擞地大声说："你刚刚被金斯伯格击倒了！"然后配上一段动感嘻哈乐。"我想说，鲁思·巴德·金斯伯格是世界上最爱'惹是生非'的女人之一，"索乌宣称，"她这样严肃务实的人原本很难得到大众的关注和赞赏，但互联网使其成为可能。"

用法律语言来说，金斯伯格的"走红"没有先例。美国最高法院的历史上曾有过许多被公众厌恶或钦佩的大法官，但从未有任何一位得到过像金斯伯格这种程度的大众关注。在金斯伯格三十多年的法官生涯中，她一直保持着温和克制的形象。了解金斯伯格的人对她的"走红"感到好笑又困惑。"金斯伯格根本不在乎能否成为大众偶像。"大卫·施泽说，他曾是金斯伯格的法官助理，现在是她的朋友。金斯伯格的儿子詹姆士则评价道："她可不是个赶时髦的人。" 女权主义作家瑞贝卡·特雷斯特指出，长久以来，在我们的文化中，年长的女性要么是慈眉善目的老奶奶，要么是恶毒的瘪嘴老巫婆，但金斯伯格犀利睿智的公众形象改变了"美国社会对于掌握权力的年长女性的想象"。金斯伯格的老朋友格洛丽亚·斯泰纳姆惊奇地发现大学校园到处都贴着金斯伯格的画像，她很高兴金斯伯格推翻了她长久以来的观点："女性会因为年纪增长而失去权力，男性则恰恰相反。"

历史上，让女性失去权力的一种方式是迫使她们让位给他人。在金斯伯格成为流行文化符号之前不久，一些自由派法律教授和时事评论员就在劝她辞职，他们认为，金斯伯格可以为自由派做的最大贡献就是赶紧退休，这样奥巴马总统就可以提名一位更年轻的自由派大法官来代替她。金斯伯格根本不在乎这些流言蜚语，她继续全身心投入自己热爱的事业，公然拒绝让位，这在一些自由派人士看来则又是一个危险的反叛举动。

在最高法院中，大法官论资排辈。开会时，大法官们按资历长幼顺序发言；撰写判决书时，资历最长的大法官指定执笔人选。2010年约翰·保罗·史蒂文斯大法官[1]退休后，金斯伯格成了最高法院中资历最长的自由派，她全身心地发挥着领导者的作用。金斯伯格选择继续在最高法院工作不仅因为她热爱工作，而且还因为她认为最高法院正向着错误的方向前进。为了指出这些错误，金斯伯格打破了自己多年一贯的缄默自制，

[1] John Paul Stevens，1976 年由福特总统提名成为最高法院大法官，2010 年退休。

站到了公众的聚光灯下。"我感觉到她开始逐渐愿意成为公众人物。"金斯伯格在美国民权同盟的前同事伯特·纽伯恩评论道。"这也许是因为我不再像刚成为大法官时那样畏首畏尾了,"金斯伯格在2014年接受《新共和》杂志采访时说,"但更重要的是,最高法院中大法官的组成发生了变化。"虽然说得很客气,但金斯伯格真正的意思是,这些年来最高法院向着保守右翼倾斜了许多。

但金斯伯格从不畏惧挑战。虽已在耄耋之年,但金斯伯格绝非一些人认为的命悬一线的虚弱老太。直到快八十岁,她才终于放弃了滑水这个兴趣爱好。

fear the frill.

她不是战争发动者，她是
乱世英雄

————

鲁思·巴德·金斯伯格是什么样的人？她轻言慢语，但该说的绝不马虎。"对她来说，审慎是做人原则，更是真实性情，"金斯伯格的评论家朋友里昂·维斯提尔说，"与她交谈是种享受，因为她说的每句话都经过深思熟虑。"金斯伯格对于工作全身心投入，尤其是在任职最高法院大法官后。接替金斯伯格成为美国民权同盟女权项目主管一职的凯瑟琳·帕拉提斯在几年前曾说："鲁思的生活里只有工作。她唯一的奇闻趣事就是没有奇闻趣事。"（虽然现在来看，金斯伯格可不能算作没有奇闻趣事。）金斯伯格经历了各种人生悲剧；她被认为性格过于冷峻，但那是因为很多人不懂欣赏她的冷幽默；她对于下属要求严苛，但也回报以忠诚和慷慨；她与丈夫之间热烈的爱情持续了将近六十年。

金斯伯格是个公然反抗性别刻板印象的女人，而这对她来说非常重要。当她被任命为最高法院大法官时，《华盛顿邮报》采访了她在美国民权同盟的两位同事，帕拉提斯和前法务总监梅尔·沃尔夫。两位受访者都发现想要准确描述金斯伯格很困难。"她在每个方面都很传统，包括社交上和政治上，大概唯一的例外就是她的智力。"沃尔夫语气中带有略微不屑。帕拉提斯插嘴说："好吧，梅尔，但你必须承认，在她那个年代，女人有家庭，有工作，还上了法学院可一点也不传统。"沃尔夫，一个出生在二十世纪六十年代的老派男人，耸了耸肩，坚持说："反正在我看来，她没能力发动民权战争。"

"但是，"帕拉提斯说，"她是乱世英雄。"

换句话说，金斯伯格达到的成就本身就已是让世人叹服的激进之举——作为女性，她在举步维艰的时代环境中，达成了载入史册的成就。刚从法学院毕业时，金斯伯格希望去律所工作，或者留在法学院任教。但在当时的男权社会中，她毫无立足之地，她只能在不公中努力找寻出路。她的厉害之处很容易被忽略，或许是因为她不像男性民权运动发动者那样引人注目，又或许是因为在她和其他女权主义运动者的努力下，世界发生的巨变让人们已逐渐忘了作为女性生活在当时的社会中有多么艰难。

通过阅读本书来近距离观察金斯伯格的生活和工作，你就会发现她的目标并不局限于打破玻璃天花板，让自己进入男性主导的职场。作为美国民权同盟女权项目的创立者，金斯伯格常常被称作女权运动的瑟古德·马歇尔[1]。她为女权运动的变革目标制订了循序渐进的详尽计划。在她构想的世界中，男人与女人并肩合作，为着以男女平等为基本原则的性自由和生育自由奋斗，这也是她个人一直为之奋斗的目标。但她的很多理想，包括对男性的解放和对孩子看护者价值的认可，都还未实现。金斯伯格的老友辛西娅·福克斯说："如果金斯伯格不是总那么轻言细语地表达自己的意见并温和优雅地过着传统的生活，人们一定会认为她是个极端激进分子。"

金斯伯格不愿出风头，她宁可人们认为她温和传统。"她把自己看

[1] Thurgood Marshall，美国最高法院历史上第一位黑人大法官，黑人民权运动领导者，曾作为原告律师在最高法院为著名案件"布朗诉教育局"辩护。

作是宏大法律体系中的一部分，"纽伯恩说，"她只关注法律的结果，而非改变了法律的律师。"

小布什总统上任后任命了两位保守派大法官，这使得最高法院的政治天平向着保守右翼略微倾斜——促进种族平等权、生育权、医疗卫生权、劳工保护权的进程被打断，而有权势的各大公司则获得了更多的权利和政治影响力。而且，这种略微向右翼倾斜的勉强平衡也随时可能被打破，下一任总统有可能会任命多达三位大法官，谁也无法预测他们的上任会对最高法院的政治天平产生什么样的影响。

金斯伯格坚持不退休，她在不断提醒其他大法官和全体国民，美国宪法中"人人平等"的诺言还未实现。她喜欢引用宪法开头的句子："我们，美利坚合众国的人民，致力于建立一个更完善的联邦。"但她也总会指出，这句话尽管言辞优美，但它所说的"我们"其实排除了很多人。"比如说，我就不被包括在宪法最初定义的'我们'中，因为'我们'不包括女性。"金斯伯格说。"我们"也不包括奴隶和美国原住民。在宪法建立后的几个世纪中，被排除在外的人们努力斗争，希望宪法认可他们作为公民的权利和地位。金斯伯格将此作为她毕生的事业。

这种执着大概也是她一直坚持健身，努力保持良好身体状况的原因。2014年11月末，金斯伯格在私人教练指导下健身时突然感到头晕。之后她做手术在右冠状动脉中植入了支架。但手术没有让她停止工作。同年12月10日，在有关1964年《联邦侵权索赔法》的两小时庭审后，金斯伯格邀请的莎娜、弗兰克·希、阿米娜托·索乌和安柯·曼得哈尼亚来到了最高法院。"我很高兴与'声名狼藉的金斯伯格'的创造者们会面。"金斯伯格说道。

正午左右，莎娜一行走进了金斯伯格的办公室。金斯伯格站着迎接他们，身后两侧站着她的法官助理。她手腕上因为心脏支架手术留下的瘀青还依稀可见。他们问金斯伯格，她想对那些敬爱她的年轻人说些什么。

金斯伯格想了一会儿，说："你就告诉他们，我下星期就重新开始做俯卧撑。"

Cheers,

Ruth Bader Ginsburg

Been in This Game for Years

异 见 时 刻

Chapter 2

这场游戏
我已经玩了很多年

1853 年 12 月

"我被邀请坐到首席大法官的座位上，我一坐上去，就情不自禁地感慨道，'谁知道呢，也许有一天会有女性坐上这个位置。'全场哄堂大笑。"

—— 废奴主义者兼女权主义者莎拉·格里姆凯

1897 年 1 月 4 日

最高法院在"米尔斯诉美利坚合众国案"中判定，被枪指着从自己家中被绑架并性侵的女性没有被强奸，因为要构成强奸"必须存在更多暴力行为"。

1848 年 7 月 19 日—20 日

"我们认为，男女生而平等是不证自明的真理。"

——《情感宣言》[1]，于塞尼卡瀑布城

1820	1830	1840	1850	1860	1870	1880	1890	1900

1828 年

最高法院的所有大法官同住一个屋檐下，直到其中一位大法官的夫人坚持要跟自己的丈夫住在一起为止。

1868 年 7 月 28 日

宪法第十四修正案认可前黑奴的公民权利，承诺法律对不同人种的平等保护，但明确指出只有男性拥有投票权。

1873 年 4 月 15 日

伊利诺伊州以性别为由禁止女律师迈拉·布拉德韦尔继续执业，当时最高法院的判决支持了该决定。2011 年最高法院对该案的重审中，金斯伯格判决布拉德韦尔获胜。

"女性最重要的使命是做温柔的妻子和无私的母亲。这是造物主规定的法则。"
——约瑟夫·布拉德利大法官在"布拉德韦尔诉伊利诺伊州案"的赞同意见书[2]中说

"造物主与当时的大法官是以何种方式沟通的，至今无人知晓。"
——金斯伯格在 1972 年提交给最高法院的诉讼状中写道

[1] 1848 年女权运动第一次集会上，68 名女性和 32 名男性签署了《情感宣言》。它借用了《独立宣言》的形式，提出了男女生而平等的概念。

[2] 除了判决书（即多数意见书）以外，常见的大法官意见书还有赞同意见书和异议意见书。撰写赞同意见书的大法官同意判决的最终结论，但在赞同意见书中就推导出该结论的过程提出不同想法。而撰写异议意见书的大法官则既不赞同判决过程，也不赞同结论，所以单独撰写意见来表达自己的异议。

1944 年 露希尔·洛曼成为最高法院历史上第一位女性法官助理。

1920 年 8 月 18 日
宪法第十九修正案认可了女性投票权，虽然在通往认可有色女性投票权的道路上仍阻碍重重。

1932 年 6 月 10 日
金斯伯格未来的丈夫，马丁·金斯伯格出生。

1953 年 西蒙娜·德·波伏娃的著作《第二性》在美国出版。

| 1900 | 1910 | 1920 | 1930 | 1940 | 1950 |

1903 年 金斯伯格的母亲西莉亚·阿姆斯特出生。

1933 年 3 月 15 日
琼·鲁思·巴德 [1]，小名琪琪，在纽约市布鲁克林区出生。

1954 年 5 月 17 日
在"布朗诉托皮卡教育局案"中，最高法院推翻了支持种族隔离的"隔离但平等"的判例。

1950 年 6 月
西莉亚·巴德 [2] 于女儿高中毕业前一天离世。

1950 年秋季
金斯伯格在康奈尔大学入学。

1954 年 6 月
鲁思·巴德从康奈尔大学毕业，嫁给了马丁·金斯伯格。他们在马丁家里举行了婚礼。

[1] 这是金斯伯格的婚前名。她婚后在父姓巴德后面加上了夫姓金斯伯格。

[2] 金斯伯格母亲婚前姓阿姆斯特，婚后随夫姓改为巴德。

1956 年 金斯伯格在哈佛法学院入学，她是那一届仅有的九位女生之一。入法学院第二年，马丁被诊断出了癌症。

1958 年 马丁从哈佛法学院毕业。金斯伯格转学到哥伦比亚大学法学院。

1959 年 金斯伯格以最优成绩从哥伦比亚大学法学院毕业，但难以找到工作。

1963 年 金斯伯格成为第二位在罗格斯法学院全职任教的女性。

RUTH B. GINSBURG
Assistant Professor of Law
B.A. Cornell Univ.
LL.B. Columbia Univ.

1962 年 12 月
民权运动家泡利·默里提出以宪法第十四修正案为法律原理来对存在性别歧视的法律提出质疑。

1960

1955 年 7 月 21 日
金斯伯格的女儿简·金斯伯格出生。

1961 年 11 月 20 日
最高法院判定男性必须履行公民陪审员义务，而女性则可以选择是否履行，因为"女性依然是家庭生活的中心"。

1963 年 6 月 10 日
约翰·肯尼迪总统签署《平等工资法案》。该法案禁止以性别为由同工不同酬，但条文中充满漏洞。

"NOT GUILTY!" - ON ACCOUNT OF HIS GOOD LOOKS

"在我的那个年代，鲜有女性学习法律。在二十世纪四十年代，对绝大多数女性来说，重要的不是拿到了什么学位，而是嫁给了什么人。"

——金斯伯格

"（法学院院长解释说）少付我一些工资才比较公平，毕竟我丈夫的工资很高。"

——金斯伯格

1965 年 6 月 7 日

最高法院判定康涅狄格州禁止避孕的法律与"婚姻隐私权"相悖。

1970 年春季

金斯伯格第一次教授有关女性权益的法律课程。

1971 年 6 月 25 日

金斯伯格在"里德诉里德案"中第一次向最高法院提交了辩护状。

1970

1964 年 7 月 2 日

林登·约翰逊总统签署《民权法案》。但该法案中禁止在职场中性别歧视的条款直到正式签署前的最后一刻才被加入。

1965 年 金斯伯格和安德斯·布鲁泽列斯合著出版了《瑞典民事诉讼法》，这是金斯伯格出版的第一本书。

1965 年 9 月 8 日

金斯伯格的儿子詹姆士·金斯伯格出生。

1972 年 1 月

金斯伯格成了哥伦比亚大学法学院第一位被授予终身教职的女性教授。

1967 年 6 月 13 日

约翰逊总统提名著名民权诉讼律师瑟古德·马歇尔（金斯伯格的精神偶像）成为最高法院历史上第一位黑人大法官。

1972 年 6 月 23 日

理查德·尼克松签署通过《教育法》修正案第九条。该法案禁止教育系统中的性别歧视。

1974 年 金斯伯格与他人合著出版了历史上第一本关于性别歧视的教科书。她坚持作者的名字按照首字母顺序排列，哪怕这样唯一男性作者的名字会被排在第一位。

1973 年 1 月 22 日

在"罗伊诉韦德案"和"多伊诉博尔顿案"中，最高法院判定堕胎合法。金斯伯格虽然完全赞同该判决的结论，但她对其论理过程持保留态度，并认为当时合法化堕胎为时过早。

CONSTITUTIONAL ASPECTS OF
SEX-BASED DISCRIMINA-TION

1993 年 6 月 14 日

比尔·克林顿总统提名金斯伯格为最高法院大法官。

1980

1972 年春季

金斯伯格作为创始人之一创立了美国民权同盟的女权项目。

1980 年 4 月 11 日

吉米·卡特总统提名金斯伯格为华盛顿巡回法院法官。

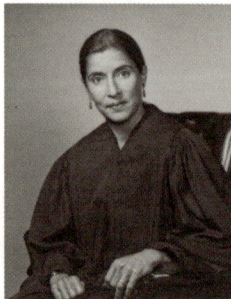

1981 年 8 月 19 日

罗纳德·里根总统提名桑德拉·戴·欧康纳成为最高法院第一位女性大法官。那些多年来一直叫嚷着如果有女性大法官加入就辞职的男性大法官无一人辞职。

"我很肯定，司法部里没有男秘书……只招女性秘书是因为女性更适合秘书这种工作。"
——沃伦·伯格首席大法官在"菲利普斯诉马丁－玛丽埃塔公司案"1970 年 12 月 9 日的庭审口头辩论中说

"女性的个人隐私权包括对堕胎的决定权。"
——哈利·布莱克门大法官在"罗伊诉韦德案"中说

1994年5月13日
克林顿总统提名斯蒂芬·布雷耶为最高法院大法官，他接替了哈利·布莱克门的大法官席位。

1996年6月26日
金斯伯格在里程碑式的"美利坚合众国诉弗吉尼亚州案"中撰写了判决书，该判决要求弗吉尼亚军事学院必须招收女性。

"我院是否应当干预本案以及本案的最终判决是否明智有待历史的检验。"
——金斯伯格在"布什诉戈尔案"的异议意见书中说

"正如欧康纳任期的前十二年，我现在是最高法院中唯一的女性，这件事让我非常难过。"
——金斯伯格

2005年7月1日
桑德拉·戴·欧康纳宣布退休。乔治·布什总统任命华盛顿巡回法院法官约翰·罗伯茨接替她的席位。

2005年9月
一直被金斯伯格称为"我的长官"的伦奎斯特首席大法官逝世。布什总统任命罗伯茨为首席大法官，并提名巡回法院法官塞缪尔·阿利托接替欧康纳的席位。

1990   2000

1999年夏季
金斯伯格被诊断出结肠直肠癌，但她依然每天出现在最高法院的大法官席上。

2000年12月12日
最高法院在"布什诉戈尔案"中做出了五比四的判决，该判决实际上宣布了布什坐稳总统宝座的事实。金斯伯格是四位异议大法官之一。

2008年11月4日
贝拉克·奥巴马成为第一位黑人总统。

"我也不知道该不该去。我听说金斯伯格大法官的跳投技巧日渐精进，我输了可有点丢人。"
——贝拉克·奥巴马在被邀请和最高法院大法官们一起打篮球时开玩笑说

2007年4月18日
金斯伯格在有关堕胎权的"冈萨雷斯诉卡哈特案"中第一次当庭宣读她的异议意见书，就此开启了她宣读愤怒异议意见书的时代。

"我院……假装这一判决保护女性。"
——金斯伯格在法官席上总结她的异议

2007年5月29日
金斯伯格当庭宣读她在有关性别歧视的"莉莉·莱德贝特案"中的异议意见书。

2009年2月5日
金斯伯格做手术移除了一个恶性肿瘤。

2013 年 3 月 27 日

"对异性婚姻和同性婚姻区别对待就像在说婚姻跟牛奶一样有全脂和低脂的等级之分。"

——金斯伯格在"美利坚合众国诉温莎案"的庭审中说。此案成功质疑了《婚姻保护法》中定义婚姻仅为异性结合的条款

2009 年 2 月 23 日

金斯伯格重回大法官席。

2013 年 6 月 25 日

金斯伯格在最高法院削弱《选举权法》一案中提出异议。"声名狼藉的金斯伯格"轻博客应运而生。

2009 年 2 月 24 日

金斯伯格参加了奥巴马总统对国会的第一次讲话。

"我希望人们可以看到最高法院中并不只有男人。"

——金斯伯格

2013 年 8 月

金斯伯格成为历史上第一位主持同性婚礼的最高法院大法官。

2010

2009 年 5 月 26 日

奥巴马总统提名巡回法院法官索尼娅·索托马耶尔成为最高法院大法官。她是美国历史上第一位拉丁裔大法官。

"我喜欢看到大法官席上不止一位女性。这说明女性大法官后继有人。"

——金斯伯格

2014 年 6 月 30 日

在"伯维尔诉好必来案"中，最高法院判定公司有权以其管理者的宗教信仰为由，拒绝为女性员工提供避孕医疗保障。

2010 年 5 月 10 日

奥巴马任命联邦副检察长埃琳娜·卡根成为最高法院大法官。

2010 年 6 月 27 日

马丁·金斯伯格死于癌细胞转移后的并发症。

"如果两个人相爱并希望相守，他们应有权享受婚姻关系带来的幸福和争吵。"

——金斯伯格在主持同性婚礼时说

2015 年 2 月 12 日
金斯伯格承认，她在旁听国情咨文报告时并不是"百分百清醒"。

2015 年 2 月 28 日
模仿金斯伯格的形象在《星期六夜现场》的周末播报中不断出现，在舞蹈表演的间隙不断有人被"金斯伯格击倒"。

2020

Hobby Lobby

Corporations are people with rights that need to be protected!

So what does that make women?

BABIES ↓

©2014 HALLIE JAY POPE   WWW.UNHOLYADVENTURES.COM

"我担心，该判决将最高法院带入了充满谬误的危险境地。"
——金斯伯格在"好必来案"的异议意见书中说

I Got a Story to Tell

异 见 时 刻

Chapter

3

我有个故事要讲

"在布鲁克林长大，我觉得非常幸运。"

——金斯伯格，于 1996 年

1950 年，金斯伯格从詹姆士·麦迪逊高中毕业，那年的毕业纪念册成功预言了这一届毕业生中会有人成为美国最高法院的大法官。但直到今天，预言中要成为大法官的约珥·申鲍姆还在纽约州长岛市做牙医。当时，金斯伯格还被称为琪琪，这是姐姐给她起的小名，人们对她也没有什么特别的期望。琪琪一家住在贫穷混乱的纽约市布鲁克林区，为了有个相对安宁的环境，她的犹太裔父母努力工作搬到了相对富裕的弗莱布许街区。金斯伯格的同学理查德·萨尔兹曼回忆道，金斯伯格的父母对孩子们的期望是："儿子成为医生或者律师，女儿嫁给医生或者律师。"

高中毕业花名册里，鲁思·巴德[1] 留着齐耳短发、长相甜美。她的个人简介里提到她擅长大提琴演奏和乐队指挥（但没提她有一次指挥时不小心用指挥棒磕掉了一颗牙齿的糗事），还提到她是优等生荣誉会成员和进取者俱乐部的财务主管。人们记忆中的鲁思是个文静又讨人喜欢的小姑娘。"她经常和一群娇小的姑娘聚在一起聊天，看起来很愉快的

[1] 金斯伯格婚前姓巴德，婚后随夫姓改成了金斯伯格。

样子。"她的另一位同学赫什·卡普兰回忆道。琪琪参加在阿迪朗达克山举行的池纳瓦夏令营时被大家称为"营区拉比[1]",还邂逅了一位计划去念法学院的优秀男生。

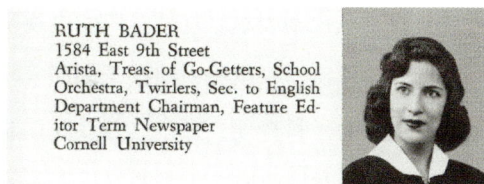

RUTH BADER
1584 East 9th Street
Arista, Treas. of Go-Getters, School
Orchestra, Twirlers, Sec. to English
Department Chairman, Feature Ed-
itor Term Newspaper
Cornell University

在那个年代,某些爱尔兰裔、意大利裔或波兰裔的父母还迷信地认为犹太人会取他们孩子的血来做逾越节无酵饼[2]。在街头巷尾,还时不时会有人为"犹太人是否杀了耶稣"这件事争吵斗殴。琪琪记得自己在某个宾夕法尼亚州小旅馆门前看到过一块牌子上写着:"狗和犹太人不许入内"。但总的来说,犹太人琪琪在布鲁克林度过的童年还算愉快。她识字后,妈妈每星期去做头发的路上都会把她捎去图书馆,她在图书馆里一边挑选着这星期想要借回家的五本书,一边等着妈妈来接她。童年的很长一段时间里,琪琪最喜欢的书是希腊和挪威的神话故事,后来又迷上了《神探南希》。"南希敢于冒险,明白自己想要什么,而且懂得在恋爱关系中占主导地位。"金斯伯格愉快地回忆起童年时说。她还说,因为图书馆建在一家中餐馆楼上,"我在那时逐渐爱上了中餐的味道"。

[1] 拉比是犹太宗教领袖,常精通犹太教义或犹太法典。
[2] 逾越节是犹太人的重要节日,在当日晚宴上吃无酵饼,一种不加入酵母制作的薄饼。

那时的纽约，天主教教徒的孩子上教会高中，而犹太人的孩子上麦迪逊高中。当时第二次世界大战刚刚结束，美国犹太人努力想要忘记在欧洲发生的一切，继续平静地生活。琪琪看起来就是个普通的犹太孩子。她和其他孩子一样每天骑自行车上下学，喜欢听广播剧《戈德堡一家》，后来又看了电视剧版本。这部经典的电视剧中的母亲和普通犹太母亲一样，有时会从窗口探出头来叫孩子们回家吃饭。琪琪还和大家一起不安地谈论过朱迪·科普朗，那个因苏联间谍罪而被逮捕的麦迪逊高中毕业生，暗暗担心美国政府是不是要对犹太人下手了。

琪琪和其他孩子的不同之处在于，她的家中一直弥漫着一种她后来形容为"死亡"的气息。在她两岁时，姐姐染上脑膜炎去世；十三岁时，妈妈又得了子宫颈癌，一直卧病在床。琪琪从未向任何人透露过这些事。她倔强地独守这些秘密，不愿得到别人的同情。琪琪满十三岁的那一年，她的朋友们聚在一起抽烟，他们嘲笑她怕呛到而不敢尝试。琪琪觉得香烟很恶心，但她好强地不愿让任何人觉得她害怕（后来她抽烟的习惯持续了将近四十年）。

妈妈病入膏肓以后，琪琪绞尽脑汁地想让她开心，于是每天回家后就在妈妈床边做作业陪她。有一次，琪琪拿回家的成绩单不那么完美，当时妈妈脸上失望的表情让她永世难忘。从那以后，琪琪再也没有不完美的成绩单带回家了。

西莉亚·阿姆斯特[1]的父母是从奥匈帝国逃来美国的难民。西莉亚出生在他们抵达纽约的四个月后，她是七个兄弟姐妹中的老四。十五岁时，

---

[1] 金斯伯格母亲的婚前名，婚后冠了夫姓巴德。

西莉亚轻易地以最优成绩从高中毕业，但她的父母却只对她的大哥寄予厚望。高中毕业后，西莉亚在纽约曼哈顿制衣区做会计，她每星期工资的大部分都寄给了在康奈尔大学就读的哥哥。后来，西莉亚嫁给了南森·巴德。巴德一家也曾是难民，他们从乌克兰敖德萨市附近遭受种族屠杀的犹太人小村庄中逃难到了美国，靠上夜校学会了英语。自从嫁给南森后，西莉亚就不再外出工作挣钱了，她只在自家的生意里管管账，不然人们会嘲笑她的丈夫没能力养活她。但事实上，西莉亚一家确实过得很拮据——南森做的是皮草生意，但在大萧条时代，根本没人买皮草，而南森也没什么生意头脑。琪琪小时候就能感觉到妈妈对生活极度的失望。金斯伯格成年后总说，西莉亚·阿姆斯特·巴德是她认识的最聪明的人。

直到高中毕业，琪琪从未让母亲失望过。她不仅被康奈尔大学录取，而且她的名字常居高中的各种荣誉榜：鲁思·巴德，赢得英文荣誉奖章；鲁思·巴德，荣获纽约州奖学金；鲁思·巴德，担任荣誉圆桌会议发言人。但西莉亚没能看到琪琪从高中毕业，就在琪琪高中毕业典礼的前一天，西莉亚去世了。

母亲的葬礼上，琪琪麻木地看到，自己位于纽约东九街的家中虽然挤满了悲痛的女人，但葬礼祷告却因为法定人数不够而迟迟不能开始。犹太律法计算法定人数时，女人是不算数的，作为女儿的琪琪也不算数。这就像是过往每年的逾越节晚宴时，虽然琪琪才是最好奇、最喜欢问问题的孩子，但只有男孩可以参加犹太受戒仪式的学习。葬礼之后，母亲的哀悼者们散去，父亲的生意因为没有了母亲的帮助而一落千丈。巴德一家不得不减少了对犹太教会的捐赠，教会也因此降低了巴德一家在教会中的等级。犹太律法教会了琪琪对正义的坚持，但在母亲死后，她花了很长时间才重拾信仰。

　　琪琪永远都会记得母亲西莉亚对她的教导。母亲要求她时刻以淑女的标准要求自己。"这意味着我必须礼貌恭谦，不让愤怒和嫉妒等负面情绪占据自己的心灵，"金斯伯格后来解释道，"坚持信念，保持自尊，耐心教导他人，永远不要愤怒地反驳。愤怒、憎恨和指责只会浪费时间和精力。"而西莉亚对女儿的第二个教导在当时却十分罕见：永远保持独立。

　　西莉亚不仅口头上鼓励琪琪自立，也在实际行动上帮她实现这个目标。母亲死后，琪琪发现母亲悄悄地存下了八千美元供她上大学。吸取大萧条时期的教训，西莉亚从不使用信用卡，而且把一生的积蓄分散在了五个银行中，每个银行中只存不到两千美元。"母亲过世之后的那段时间是我人生中最艰难的时光，但是我知道妈妈希望我努力学习、拿高分并获得成功，"金斯伯格说，"所以我就这样做了。"

两耳不闻窗外事

————

　　1950 年秋天，琪琪在位于纽约州伊萨卡市的康奈尔大学入学。开学之后不久，她就记熟了校园中每一个女厕所的位置。她最喜欢建筑学院里的那个，因为她可以偷偷把书带进厕所，在小隔间里完成作业。当时康奈尔的男女比例是四比一，许多女生和她们的家长都在大声讨论这是个找到如意郎君的好地方。当时大学中只允许招收固定数量的女生，也正因为如此，金斯伯格回忆道："女生要比男生们聪明很多。"但女生们都不愿显露自己有多聪明。

RBG

琪琪也不愿显露头角，特别是在各种派对里。在大学中，不管男生还是女生都不愿显得太严肃，但是琪琪藏不住自己的严谨好学。"当金斯伯格读书时，你就算在她头上扔个炸弹，她也听不见。"金斯伯格的高中同学兼大学舍友安妮塔·法耶尔说。从大城市来的七个犹太裔女生住在名叫克拉拉·迪克逊的学生宿舍。她们的小团体叫作KLABHIJ，每个字母代表一个人。琪琪排在第一个。学校规定，女生必须住宿舍，而且星期一到星期五晚上她们必须在十点前回到宿舍；而男生则可以自己在外租房子，来去自由。十点的宵禁后，KLABHIJ的其他女生会聚在一起打桥牌，而琪琪则继续用功读书。

西莉亚生前希望女儿做老师，她觉得女人能做这种安稳的工作挺好的。琪琪试着做了老师，但后来放弃了。她喜欢听弗拉基米尔·纳博科夫[1]讲的欧洲文学课，当时纳博科夫还是一个不知名的流亡者。在他的课上，琪琪学会了字斟句酌地写作。琪琪选择了政府学作为自己的专业，并上了一门传奇教授罗伯特·库什曼教的有关美国宪法的课。琪琪从前一直以美国为荣，但在那门课中，她开始注意到一些自己之前从未思考过的问题。当时，被金斯伯格后来称为"对抗种族歧视的战争"的第二次世界大战刚结束五年。但在库什曼的课上，金斯伯格发现"二战中美国的部队直到最后都是以种族来划分的。这似乎很不对"。

琪琪大四时发生的一件事也让她感到很不是滋味。康奈尔大学动物学教授马库斯·辛格因为拒绝提供他所在马克思主义学习小组成员的名单，而被带到了参议员约瑟夫·麦肯锡的常设调查小组委员会前，并受到

---

[1] 世界知名作家，代表作包括《洛丽塔》。

了指控。当康奈尔大学因此暂停了辛格的教授职务时，整个校园都骚乱了。琪琪也感到无比震惊和愤怒。当时，她刚开始作为库什曼教授的助理研究员帮助他建立一个有关焚烧书籍的展览。在工作的过程中，琪琪经历了言论审查的全过程。库什曼教授告诉她，律师们正在帮助辛格教授。"就在那时，我突然觉得做律师挺好的，"金斯伯格回忆道，"律师不仅可以掌握一门专业，还可以为这个社会做些好事。"

琪琪的父亲南森对她想做律师这件事有些忧心。毕竟，整个美国历史上都鲜有女性律师。而且，琪琪哪儿来的钱上法学院呢？到了琪琪大四的时候，父亲知道她找到了一位好男人愿意出钱送她去上法学院，这才疑虑稍减。但琪琪自己不这么看待这件事，她只是很高兴自己当时的男朋友，大她一届的学长，马丁·金斯伯格是她认识的第一个懂得欣赏她聪明才智的男人。

马丁和琪琪一开始只是普通朋友。琪琪的 KLABHIJ 小团体中有一个女生叫艾尔玛，她男朋友认识出了名幽默风趣的马丁。马丁当时的女朋友在史密斯大学，而琪琪在池纳瓦夏令营认识的男朋友则在哥伦比亚大学法学院。因为异地的缘故，琪琪最多只能在周末见到男友。艾尔玛和她男朋友介绍了琪琪和马丁认识，这样就可以四个人一起开马丁的车去城里玩。只把琪琪当作朋友的马丁没有向她献殷勤的需要，所以他想到什么就说什么。在这种坦诚相待的友谊中，他们慢慢地爱上了对方。"我们恋情开始的那一星期特别寒冷漫长，"金斯伯格后来回忆道，"我突然发现马丁·金斯伯格比我当时在哥大法学院的男朋友聪明太多了。"马丁则早就下定决心要和琪琪在一起了。"我一点也不怀疑当时是我先喜欢上她的。"他说。

马丁的个性中充满着天然的自信和带点顽皮的幽默感。"鲁思成绩很好而且长得漂亮。大部分男同学都有点敬畏她，但是马丁不，"马丁在康奈尔的同学兼好友卡尔·弗格森回忆道，"马丁从来不敬畏任何人。他用行动向鲁思表明他非常尊重她，这赢得了她的芳心。"

琪琪性格内敛沉静，马丁却是派对狂欢的中心人物。马丁的父亲莫里斯从制衣界底层一路成了联合百货公司的副主席；他的母亲伊芙琳喜爱戏剧，很快就把丧母的琪琪当成了自己的孩子，经常邀请琪琪去他们位于纽约长岛的家中做客。有一个暑假，琪琪在联合百货公司的长岛分店打工，在长岛郊区的街道上，她连考六次才好不容易拿到了驾照。

虽然自己的母亲不外出工作，马丁并不认为自己未来的妻子也理应如此。他希望婚后他们俩可以一起去哈佛念书，然后一起找工作。马丁后来回忆，他当时的想法是，"我希望我们可以进入同一个行业，这样会有很多共同话题，也能理解对方在做什么。所以我们讨论了一下要进入哪个行业，用排除法最后决定了法律"。马丁本来是化学专业，但因为专业课跟高尔夫训练冲突而转了专业，所以没法上医学院 [1]。哈佛商学院又不招女性。所以他们决定一起考哈佛法学院。"我后来觉得，"马丁四十多年后承认说，"当时鲁思其实就是想去上法学院。"

他们双双考上了哈佛法学院。马丁比鲁思大一届，大学毕业后，他先去了哈佛，而琪琪留在康奈尔念完大学。1954 年 6 月，琪琪大学毕业典礼的几天后，她和马丁在金斯伯格家老房子的客厅中举行了婚礼。十八位宾客参加了这场婚礼，因为在犹太教里，十八这个数字象征着生命。在结婚典礼前几分钟，马丁的母亲伊芙琳把正在做最后准备的琪琪叫到了自己的房间。

---

[1] 在美国，大学毕业后才能上医学院，且需要有一定的化学和生物背景。

"亲爱的，"伊芙琳，这个琪琪马上要称之为妈妈的人说，"我现在要告诉你幸福婚姻的秘诀：偶尔的装聋作哑会让生活更轻松。"她伸过来的手掌上是一副耳塞。

新婚的金斯伯格夫妇去了欧洲度蜜月，这是金斯伯格第一次离开美国。这段旅途中，她逐渐理解了伊芙琳忠告的意义。"我婆婆想要告诉我的是，"金斯伯格说，"有时人们会说一些刻薄或草率的话，这种时候最好假装没听见，而不是愤怒地反驳。"

蜜月之后，金斯伯格夫妇没有马上前往哈佛法学院所在的坎布里奇市。马丁在上大学时参加过预备军训练，他被美军派往俄克拉何马州的锡尔堡营地驻扎两年。

那两年中，马丁很享受自己在锡尔堡营地的生活——他喜爱自己在陆军炮兵学校里的教职，他还擅长高尔夫和射击。但金斯伯格却在艰难地找寻着人生的方向。她在律所里工作了一小段时间，后来又参加了联邦政府公务员考试。美国的公务员系统中有一套等级分类，工资和权限随着等级调整。金斯伯格一开始属于第五等，够格做政府理赔调解员。但当她无意中告知社会保障局自己已经怀孕三个月后，她立马被降到了最低的第二等——收入和权限也大大减少。她还被告知，因为她怀孕了，她根本不可能去巴尔的摩[1]参加公务员培训。另外一个军人的妻子也是第五等，她直到瞒不住了才透露了自己已经怀孕的事实。虽然她的隐瞒让她得以去巴尔的摩参加培训，但她也被要求在生产之前辞职。

作为公务员，金斯伯格看到了底层官僚主义中的不公平。这种不公常会过多地落在一小部分人的肩上，而金斯伯格会悄悄地为这些人放松一点规则。周复一周，社会保障局中总会出现一些饱经风霜的面孔，他们不过是想要登记自己的身份，却总被要求回去拿更多的证明材料。这些人都是没有出生证的美国原住民，他们出生时，政府官员们觉得不值得花费笔墨为他们登记。金斯伯格暗自决定，如果来登记的人看起来超过六十五岁而且有打猎证或者钓鱼证，她就给他们登记身份。

在俄克拉何马州住了两年后，金斯伯格需要重新再考一次法学院，她又一次考上了哈佛。这对金斯伯格来说并不困难，真正的难题是她要怎么一边上法学院一边照顾她才牙牙学语的宝宝。在美军基地，婴儿超过了两个月就可以送去托儿所，而且最晚可以到午夜才去接回来。哈佛法学院可没有这样的服务。

[1] Baltimore，美国马里兰州的一座城市。

孤单又奇异的存在

————

　　1956 年秋天的一个晚上，哈佛法学院仅有的九位女生在法学院院长欧文·格里斯沃尔德家吃饭。在一场令金斯伯格感到紧张又笨拙的晚宴后，所有人都回到客厅中两两聊天。

　　著名法学教授赫伯特·韦克斯勒当时也在，他是个大烟枪，那天晚上他和金斯伯格共用一个烟灰缸。虽然四十年之后，金斯伯格会用不符合她平时风格的夸张语言来描述韦克斯勒教授，"在我看来，他有着希腊神话中宙斯和阿波罗的力量与美感"，但在当时金斯伯格一心期盼着闲谈赶紧结束。

　　她紧张地弹掉烟灰，心里只想着赶快回到马丁和刚满一岁的女儿简身边去。但是格里斯沃尔德还不打算这么快结束聚会，他还要再多讲讲自己六年前开始让哈佛法学院录取女生的伟大事迹。实际上，金斯伯格在入学后发现哈佛法学院的女生们不需要掩饰自己有多聪明时确实松了一口气。

　　格里斯沃尔德问了在座所有女生一个问题，她们要如何正当化自己占据了一个本应属于男生的法学院席位？

　　女生们都有些脸红和坐立不安，金斯伯格只想钻到沙发底下躲起来。其中一个名叫弗洛拉·舒纳尔的女生冷静地回答道，她觉得哈佛法学院是个找老公的好地方。毕竟，如果不考虑马丁·金斯伯格的妻子，哈佛法学院里的八位女生可被五百多位男生围绕着。金斯伯格完全没有舒纳尔的那种泼辣，轮到她说的时候，她紧张不安地扭动着双脚，把原本放在腿上的烟灰缸弄到了地上，烟灰撒得到处都是。没人移动。格里斯沃尔德还在等着听她的回答。

"我想更了解我丈夫做的事，"她咕哝道，"这样我才能更好地理解他，做一个体谅他的好妻子。"

金斯伯格不确定格里斯沃尔德是否知道她在撒谎，如果他知道，他也一点都没有表现出来。

后来，哈佛法学院的某位教员还解释说哈佛法学院不可能歧视女性。"我们希望能够录取一些不同寻常的人，"他说，"比如说，如果你会拉低音提琴，那就是个加分项；如果你是个女人，那也是个加分项。"金斯伯格感觉她和其他女生像是动物园里的珍稀动物，在她后来的描述中，女生们在哈佛法学院是"孤单又奇异的存在"。

金斯伯格每次想要专注学业的时候都会被提醒她其实不属于这儿。"上课的时候你会觉得所有人都在看你，如果你表现得不好，你不仅仅是丢自己的脸，也是丢全体女性的脸。"金斯伯格回忆道。有些教授还会挑几天作为"女生日"，那几天上课的时候他们只挑女生回答一些令人难堪的问题。

即便如此，金斯伯格还是成功地当上了《哈佛法律评论》的编辑，这是对于哈佛法学院学生学术能力最大的认可，而马丁之前都没有得到如此殊荣。金斯伯格是那一年《哈佛法律评论》中仅有的两位女生之一，在拍照留念时，摄影师称她们为"荆棘丛中的玫瑰"，并让所有男生站在中间，她们俩各站左右。有天晚上，在拉蒙特图书馆工作到快午夜的金斯伯格几近崩溃，她需要去阅览室中确认一篇文章的引用是否正确，但是门卫依照规定不允许女生进入该阅览室。金斯伯格央求他拿一下那篇文章，她就站在阅读室门口看，但怎么说他都不同意。作为《哈佛法律评论》编辑的一个好处是会受邀参加每年一度的晚宴，但是金斯伯格不被允许带自己敬爱的婆婆出席，男性编辑们也不被允许带自己的妻子出席。因为在当时，即使有女性编辑，《哈佛法律评论》也被认为是男性团体。哈佛法学院不准女生住在宿舍，这和康奈尔大学的政策完全相反，但这两种极端政策金斯伯格都完全没法理解。举行法学院考试的主楼里没有女厕所，法学院一年级的期末考试中，金斯伯格的同班同学罗达·伊莎巴舍尔挺着孕肚参加考试，她告诉同班的男生们，不管他们同不同意，她在考试期间都要借用他们的厕所。

RBG

金斯伯格当时并没有想到要去投诉学校的这些做法。从某种意义上来说，她很幸运。因为金斯伯格已婚，所以哈佛法学院要求她提供公公的财产证明，而莫里斯恰好同意为她付学费。金斯伯格的一些女同学担心上法学院会让她们嫁不出去，或者她们的丈夫会厌倦太有主见的妻子，但金斯伯格的丈夫却在向别人炫耀自己的妻子比他更厉害。马丁只笑话过她的驾驶技术，金斯伯格自己也承认她是个非常糟糕的司机。

1957 年是金斯伯格夫妇在哈佛念法学院的第二年，金斯伯格逐渐摸索出了一个日程让她得以兼顾学业和家庭。他们雇用了一位新英格兰地区典型的慈祥老太太做保姆。白天孩子由保姆照顾，金斯伯格在法学院上课学习到下午四点回家让保姆下班。

睡前陪伴女儿的时间让金斯伯格的法学院生活变得不只有图书馆的苦读。但就在马丁逐渐意识到自己对税法的热爱时，医生在他的睾丸中发现了恶性肿瘤。癌症已夺走了金斯伯格的母亲，现在又在威胁着马丁的生命。医生决定采用激进疗法，整整六星期，马丁每天接受放射治疗。情况很不乐观。

金斯伯格决不允许自己表现得好像马丁就要死了一样。尽管马丁需要缺课两星期，但金斯伯格努力确保了马丁继续学业。谁是马丁课上最会记笔记的人？金斯伯格找到他们，交给他们复写纸，拜托他们把笔记复写给马丁一份。每晚，她都帮马丁把笔记整理好，很偶尔，马丁一位同学的女朋友会来帮她一把。

马丁很虚弱，但每次同学来家中探病和他讨论有关公司重组的问题时，他就会变得有活力一些。他有时会在午夜前后醒来，只有在这个时候才能吃得下饭。因为太虚弱而无法握笔时，马丁就躺在沙发上把公司法的论文一字一句讲给妻子听，让她帮他记录下来。等到马丁在凌晨两点入睡

后，金斯伯格再开始做自己的作业。她就是在那时意识到，只要能在周末稍微睡一会儿懒觉，自己平时可以每天只睡一两个小时。

金斯伯格无法接受马丁因患病而前程黯淡，于是她去找了格里斯沃尔德院长，问他在给马丁排名的时候，能不能只算前两年的成绩。格里斯沃尔德告诉金斯伯格，马丁第三年的成绩还是会显示在成绩单上，但是他们会特别标注上他在生病。金斯伯格回到家中告诉丈夫："你要尽量争取通过第三年的考试。但只有你的第一年和第二年成绩算数。"六十年后，当金斯伯格被问起这是否算是善意的谎言，金斯伯格只说："至少当时他在考试的时候很放松。"

马丁打破了医生的预言活了下来，并成功从法学院毕业了，他甚至在纽约的律所中找到了一份与税法相关的工作。年轻的金斯伯格夫妇下定决心要待在一起，金斯伯格发现自己又一次需要去请求格里斯沃尔德院长。她为了哈佛法律博士学位努力了那么久，如果她跟着马丁去纽约，在哥伦比亚法学院完成最后一年的学业，她还能拿到这个学位吗？没人知道马丁还能活多久，金斯伯格能因为马丁的特殊情况而请求格里斯沃尔德通融转学政策吗？可是，格里斯沃尔德又一次拒绝了他们的请求。

金斯伯格还是决定转学去哥大法学院，但她都没敢问哥大是否会给她一个学位。在哥大法学院里，为数不多的几位女生的日子也不好过。其中一位女生，黑兹尔·戈伯，曾在一堂课上刚开口说了"我觉得——"就被教授打断，这位教授说："戈伯小姐，女人才感觉，男人都思考。"金斯伯格的名气在她转学之前就传到了哥大法学院学生的耳中。"我们当时听说整个东海岸最聪明的人要转来我们学校，她来了之后，大家的成绩都要降低一档了。"金斯伯格在哥伦比亚的同学妮娜·阿佩尔后来告诉《纽约时报》。他们确实有理由担心。金斯伯格再一次成了《哥伦比亚法律评论》的编辑，而且在毕业的时候是全届的并列第一。

哈佛法学院严格的转学政策在此之后还持续了好几十年。直到二十世纪七十年代晚期，人们才开始审视该政策的合理性。马丁写了一封信给法学院学生报刊《哈佛法学院报告》抱怨当时的转学政策给他家带来的麻烦。该报的编辑在报上发表了这封信，并附上了一段评论：

"金斯伯格先生告诉我们，他的来信中提到的鲁思是哥伦比亚大学法学院教授兼任美国民权同盟法律总顾问的那个鲁思·巴德·金斯伯格。她拿着哥伦比亚法学院的学位都获得了如此的成功，你想象一下如果当时她得到了哈佛法学院的学位，她可能会有多么不可思议的成就。"

何时才能招聘女性

1959 年审判年度的某一天，菲利克斯·弗兰克福特大法官冲进自己的办公室，向法官助理们宣布他有一个让人难以置信的消息。弗兰克福特大法官有时被称为最高法院中的犹太人席位，他平素喜欢让哈佛法学院的教授为他挑选法官助理。最高法院大法官的法官助理是美国法律行业中最顶尖的入门工作，他们的主要职责包括为最高法院大法官做法律研究和撰写意见书。弗兰克福特现有的法官助理全部都是男性，他们完全没猜到这次哈佛法学院教授阿尔·萨克斯向弗兰克福特推荐了谁，弗兰克福特告诉他们：鲁思·巴德·金斯伯格。

弗兰克福特当时的法官助理名叫保罗·本德，他在麦迪逊高中就读时就认识金斯伯格，后来又跟她一起上了哈佛法学院。本德立马向弗兰克福特表达了他对金斯伯格的支持。但弗兰克福特反对说，金斯伯格"有好几个孩子，丈夫一直生病，而且你知道做我的法官助理特别忙，我还经常骂脏话"。这段话基本上没一句是事实：金斯伯格只有一个孩子，本德觉得弗兰克福特的法官助理是"最高法院中所有法官助理里最轻松的"。而且，本德说，事实上"弗兰克福特大法官并不怎么骂脏话"。（虽然我们没有证据，但一个流传甚广的传言说，弗兰克福特当时要求知道金斯伯格是否穿裤子，因为他最讨厌穿裤子的女人了。）

弗兰克福特之前从未拒绝过任何法学教授为他推荐的法官助理，但金斯伯格知道自己被他拒绝时并不怎么惊讶。她早就知道自己崇拜的联邦巡回法院法官勒恩德·汉德就有不招女性助理的规定，因为他（确实）常讲脏话，而且不愿因为有女性在场而需要注意自己的言辞。金斯伯格也已经习惯了哥大法学院中律所面试的注册表上都注明"只招男性"。金斯伯格曾在宝维斯律师事务所工作过一个暑假，但宝维斯那年已经招了一位女律师，而对他们来说，一年一名已经足够多了。（宝维斯雇佣的那位女性是一位名叫泡利·默里的黑人律师，她的工作后来对金斯伯格产生了深远的影响。）金斯伯格穿着婆婆为她挑选的黑色正装参加了她仅有的两场面试，但没有拿到聘书。金斯伯格意识到，她身上有着律所很不喜欢的三大特点：她是女人，她是一个四岁孩子的母亲，而且她是犹太人。

哥大法学院的宪法学教授杰拉尔德·冈瑟决定哪怕软硬兼施也要为自己最优秀的学生找到一份工作。他向纽约州南区联邦法院法官艾德蒙·帕尔米耶里推荐了金斯伯格。帕尔米耶里是哥大法学院的毕业生，他之前从未对冈瑟的推荐有过质疑。但他这次却有所疑虑，金斯伯格真的可以在照顾年幼的孩子的同时胜任这份工作吗？冈瑟向帕尔米耶里保证，如果金斯伯格不能胜任，他就再给他找一个男性毕业生。但如果帕尔米耶里不给金斯伯格一个机会，他就再也不给他推荐法官助理了。不知道是胡萝卜还是大棒起了作用，金斯伯格成了帕尔米耶里的法官助理。

帕尔米耶里没有辞退金斯伯格。成了法官助理的金斯伯格加倍努力工作，周末也时常加班。帕尔米耶里后来说，金斯伯格是他有过的最好的法官助理之一。汉德法官碰巧和帕尔米耶里住得很近，所以帕尔米耶里经常顺便捎他和金斯伯格回家。"汉德在车上想到什么说什么，想到了什么旋律就立马唱出来，"金斯伯格回忆起汉德时说，"我有一次问他，'汉德法官，在这个车里你想说什么就说什么，你还说那些我妈从来没教过我的脏词儿。我的存在好像对你一点影响也没有。'"汉德回答说："年轻的女士，我说那些话的时候可没有看着你。"

做了两年法官助理之后，金斯伯格发现各大律所都向她敞开了大门，但她已不愿再去律所工作了。1961 年的某一天，金斯伯格与她在哥大认识的荷兰人汉斯·斯密特相约在哈佛俱乐部共进午餐。哈佛俱乐部前不久才不情愿地改变了不许女士入内的政策。金斯伯格走进俱乐部狭窄的红色大门没几分钟之后，斯密特就问她："鲁思，你想不想合著一本有关瑞典民事诉讼法的书？"当时斯密特正在哥大做一个比较各国法律的项目，他发现找人去法国和意大利做研究很容易，却很难找到愿意学习瑞典语并去瑞典学习当地法律体系的人。

金斯伯格当时都不确定自己能不能在世界地图上把瑞典找到。但是她知道她太想写一本自己的书了。而且，金斯伯格内心还有一个自己都说不清的原因推动着她接受这个任务。当时，简刚上一年级。金斯伯格快三十岁了，却还从未独居或长时间独处过。她不知道自己是否真的能够做得到。马丁同意在家为她坚守大后方，还答应她等时机成熟，他会带着简去瑞典看望她。

在瑞典首都斯德哥尔摩的机场，来接机的瑞典法官安德斯·布鲁泽列斯从金斯伯格身边径直走过，以为来者会是个年长得多的女性。金斯伯格到达瑞典的时机恰到好处。第二次世界大战刚刚结束，大量瑞典女性进入职场，数量超过了美国当时的职业女性，而且瑞典女性对于本国女性解放的进程不甚满意。记者伊娃·莫伯格在一篇 1961 年发表的文章中代表众多瑞典女性发问，为什么女性要兼顾家庭和职场两份工作，而男人却只需做好职场中的那一份工作。"事实上，没有任何生理证据说明生了孩子的人也就更擅长照顾孩子，给他们洗衣服、做饭，或是教育他们成为正直的人。"莫伯格写道，"男人和女人都只有一个主要的职责：

做一个人。"1962 年夏天，在金斯伯格多次前往瑞典期间，著名的美国演员雪莉·芬克班也来到了瑞典。她在怀孕期间吃了当时很普遍的安眠药萨利多胺，但在那之后医生才发现这种药很可能会导致胎儿畸形。堕胎在当时的美国依然是非法的，芬克班只能到瑞典进行堕胎手术。

在瑞典的那段时间，金斯伯格除了学习瑞典法律体系和看瑞典电影学习语言之外，还常常钦佩地观摩在瑞典社会中进行的各种关于男女平等的辩论。谁会知道这个世界还有一处这样的地方呢？在这里，女人可以工作，可以反抗不公平的待遇，可以在不想要孩子的时候就终止怀孕。在民权活跃人士的推动下，政府还积极参与消除性别刻板印象的运动。对金斯伯格来说，这也是一次她个人内心的革命：在瑞典独居了六星期之后，金斯伯格认识到自己有能力独立生活。

回到纽约之后，斯密特鼓励金斯伯格在哥大教一些有关民事诉讼法的课，还鼓励她在一些国际会议中当众发言。金斯伯格慢慢地克服了自己害羞、内敛的弱点。她和布鲁泽列斯合著的关于瑞典民事诉讼法的书，被称为介绍瑞典法律体系最好的英文书籍（确实如此，这是当时唯一一本介绍瑞典法律体系的英文书）。金斯伯格开始多了一些自信，但当时生活里有太多的事情，她没时间细想。几年之后金斯伯格才意识到自己在瑞典学到了多少东西。它们将改变她的一生。

Stereotypes of a Lady Misunderstood

异 见 时 刻

Chapter
4

错误理解女性刻板印象

> **"我认为我在那十年间致力诉讼的案子，关乎的不是女性独有的权利，而是男女平等公民权的宪法原则。"**
>
> ——金斯伯格，于 2010 年

1973 年 1 月 17 日，金斯伯格因为怕自己紧张到呕吐而没吃午饭。下午，她佩戴着母亲留给她的胸针和耳环，像是即将上战场的士兵穿戴好铠甲，站到了九位面无表情的最高法院大法官前，要求他们承认美国宪法禁止性别歧视。直到那一天，最高法院依然拒绝承认这一点。

最高法院的所有法庭辩论都以同一句话开头："首席大法官先生，以及各位尊敬的大法官们。"当天的录音中，金斯伯格说这句话时的声音有一点颤抖。这是她第一次在最高法院中辩论。

金斯伯格牢牢地记住了这句开场白，但还是紧张得反胃。努力镇定下来后，金斯伯格告诉大法官们，政府拒绝为空军中尉莎朗·弗朗蒂罗的丈夫约瑟夫提供军官配偶应得的住房和医疗福利，只因为莎朗中尉是女性。

十四个月前，最高法院在"里德诉里德案"中判定爱达荷州不能仅基于性别而判定母亲无权处理其亡子遗产，因为男性并非一定比女性更有能力处理遗产。但在"里德案"中，最高法院没有明确回答一个更重要的问题：即是否大多数基于性别的区别对待都是违宪的。金斯伯格深吸了一口气，要求大法官们在"弗朗蒂罗案"中明确回答这个问题。

金斯伯格指出，"里德案"中的州法律和"弗朗蒂罗诉理查森案"中的联邦法律都建立在"同样的性别刻板印象上，即在婚姻关系中，男性是独立的个体，而女性在绝大多数情况下是男性的附庸，而且她们无须承担养家责任"。

通常，金斯伯格在公共场合演讲时都会找寻观众席中马丁的身影，但这一次在最高法院出庭时，马丁只能坐在她身后。他坐的那块区域是专门预留给允许在最高法院出庭的律师们的。

知道马丁坐在哪儿，金斯伯格就觉得心里有了底。她有十分钟可以在美国最位高权重的九位法官面前为此案辩护。对于本案事实及相关法律，金斯伯格比这些大法官懂得多，她现在的任务是把这些内容教给他们。金斯伯格知道该怎么做，毕竟她已经做了近十年的法学教授。

在那天她拿到的最高法院律师执业资格卡上，金斯伯格被称为"鲁思·巴德·金斯伯格太太"。自从"女士"这种称呼出现开始，金斯伯格就要求大家称她为金斯伯格女士[1]。这一天，不少金斯伯格哥大法学院的学生都来看她出庭，他们在听到金斯伯格被称为"太太"之后，挤眉弄眼地让她要求法院把"太太"改为"女士"。金斯伯

[1] 从前未婚女性被称为小姐（Miss），已婚女性被称为太太（Mrs.）。后来出现的女士（Ms.）称谓不区分未婚和已婚。

格拒绝了，她今天的目的是赢得这个案子，而非在这些无须即刻解决的细枝末节上浪费精力。

金斯伯格的论点十分激进。最高法院大法官席上坐着的九位男性自认为是好丈夫和好父亲，但他们相信男人和女人有着本质的区别，女性可以被保护而不用体会真实世界中的生存压力和尔虞我诈是很幸运的。但金斯伯格这个不到四十岁的小女人却想要让这些大法官认识到，在这个世界上，女人理应拥有和男人相同的地位。

金斯伯格告诉大法官们，法律对男人和女人的这种区别对待不仅暗示了"女不如男的价值判断"，而且明目张胆地告诉女性，即便她们做着和男性同样的工作，她们的工作成果和家庭也不如男同事的重要。"这些区别对待都会导致一个后果，"金斯伯格坚定地说，"它们让女性在社会中低人一等，并迫使她们安于这种现状。"

一年前和金斯伯格一起创建了美国民权同盟女权项目的布兰达·费根坐在金斯伯格身后，她面前的桌子上摊放着各种案例，随时准备着给金斯伯格提供她所需要的判例引用。但金斯伯格根本不需要，她对于相关判例的精确引用信手拈来，和自家电话号码一般熟悉。

那一天，金斯伯格的对手是联邦政府，它在辩护状中为自己的政策申辩，这个政策默认女性从属于男性，因此只在很特殊的情况下允许男性申请家属补助费。毕竟，大多数挣钱养家的都是男性。联邦政府辩护状封面上的署名是欧文·格里斯沃尔德，金斯伯格就读哈佛法学院时的院长。金斯伯格犹记得当年她违心地告诉格里斯沃尔德自己上法学院只是为了做个可以与丈夫闲谈的好妻子，现在的她已与当时有了天壤之别。

大法官们依然一言不发。金斯伯格继续说道："性别和种族一样，是一种显而易见却难以改变的个人特质，它与个人能力并无必然联系。"

把性别和种族类比在美国宪法的语境下有特殊的意义：在"布朗诉教育局案"之后的一系列案子中，最高法院确定了一个原则，即根据不同种族区别对待的法律在原则上全都违反宪法，至少需要通过"严格审查"以确定政府有重大且确切的理由来进行区别对待。在"里德案"中，最高法院的结论是，严格审查标准不适用于基于性别区别对待的法律，但似乎在达到最终判决的实际论理过程中却使用了该标准。本案的问题是，在原则上，是否依据性别而区分对待的法律和依据种族而区分对待的法律都是违宪的？金斯伯格大胆地要求法庭对此做出肯定的答复。

金斯伯格十分钟庭审发言即将结束之时，她直视大法官们，引用了废奴主义者兼女性选举权提倡者莎拉·格里姆凯曾说过的话。"她的语言并不优美，但非常清晰，"金斯伯格说道，"她说，'我从不以我的性别为由要求特别优待。我对于男性同胞唯一的要求是给我们以基本的尊重'。"

通常，在最高法院开庭的律师们会不断被大法官们打断，有时甚至连一句完整的话都没机会说完。但是，今天在庭上饿着肚子的金斯伯格隐约带着布鲁克林口音的演讲却一次都没有被打断。她的发言让大法官们都震惊到说不出话来。

金斯伯格表面镇定，内心却在打鼓。这些大法官真的有认真听她的演讲吗？她要五个月后才能知道判决结果。庭审之后，人潮向外涌去，身材健壮的格里斯沃尔德院长走到了金斯伯格的身边。他刚刚观看了自己手下的律师与金斯伯格及其共同律师的唇枪舌剑。格里斯沃尔德严肃地握了握金斯伯格的手。那一晚，哈利·布莱克门大法官照常在他的日记里给当天出庭的律师打分，他只给了金斯伯格一个 C+。"这是一位非常严谨的女性。"布莱克门写道。

土地，和女人一样，是
注定要被占有的

———

　　十年前的 1963 年，金斯伯格对于推进女权运动还没有那么积极。虽然在瑞典时，她曾为西蒙娜·德·波伏娃的著作《第二性》感到深深震撼，但除了民事诉讼法，她把在瑞典学到的其他东西都束之高阁了。那时，金斯伯格刚开始在哥伦比亚法学院教课。某一天，她的同事告诉她罗格斯法学院正在招聘女性教授，因为该学院唯一的一位黑人教授离职了。当时的哥大法学院没有一位女性或黑人全职教授，但似乎没有人在乎这件事。全美所有法学院中只有十四位可能得到终身教职的女性教员，而罗格斯法学院就占了其中一席。在金斯伯格接受了罗格斯法学院的教职后，《纽瓦克星定报》很快发表了一篇有关她和另一位女教授伊娃·汉克斯的报道。这篇报道在标题中把金斯伯格和汉克斯称为"穿着教袍的淑女"，而且一开篇就描述她们"身材苗条、很有魅力"，而且夸张地表示，"她们长得十分年轻，很容易被误认为是学生"。

　　罗格斯法学院只愿意跟金斯伯格签订为期

一年的教授民事诉讼法的雇佣合同，而且工资很低。毕竟，法学院院长威拉德·赫克尔提醒金斯伯格，罗格斯法学院是公立学校，而且她是女人。"他们告诉我，'我们不能付你和甲教授一样多的工资，因为他有五个孩子要养，而你丈夫的工资收入不错'，"金斯伯格回忆道，谨慎地隐去了甲教授的真实姓名，"我追问道，那么单身的乙教授的工资是不是也比我高？"在得到肯定的答复后，金斯伯格不再追问，转而埋头苦干。她每天从纽瓦克坐火车到纽约曼哈顿上班，还发表了许多标题类似于"国际民事判决和仲裁裁决的承认及执行"的文章。她成功熬过了第一年。

然而，很快，一件意料之外的事扰乱了金斯伯格家平静的生活。多年前，在金斯伯格和马丁还在念法学院时，马丁接受过治疗睾丸癌的手术。术后，医生告诉他们，马丁接受放射治疗前是他们尝试生育第二个孩子的最后机会。当时，金斯伯格在法学院繁重的功课、照顾年幼的女儿和未知马丁能否存活的焦虑中挣扎，根本无法想象再生一个孩子。到了1965年，就在金斯伯格夫妇快要成功地说服将满十岁的简家里只有她一个孩子也不是一件坏事的时候，金斯伯格发现自己怀孕了。"告诉我，亲爱的，"女医生拉着金斯伯格的手问道，"你是不是还有别的男人？"金斯伯格没有出轨。马丁接受了检查，确认了他在接受放射治疗后依然有生产精子的能力。

金斯伯格怀孕的喜悦中交织着焦虑，她不知能否保住自己在罗格斯法学院的教职。罗格斯法学院将在春季学期的末尾决定是否与她签订下一年的雇佣合同，而金斯伯格不打算重蹈覆辙，一如自己在俄克拉何马州社会保障局因为怀孕而失业。她的预产期在九月，为了遮掩孕肚，她向婆婆伊芙琳·金斯伯格借了许多大一号的衣服，希望不要在暑假来临前让学校发现自己已怀孕的事实。这个方法奏效了。金斯伯格上完了春季学期的

最后一堂课，成功拿下了第二年的雇佣合同。她这才告诉同事们自己已经怀孕了。9月8号，金斯伯格夫妇的第二个孩子詹姆士出生了。不久之后，金斯伯格回到了岗位，像是什么也没有发生。

但金斯伯格所处的环境却开始发生变化。她的一名学生宣称自己是言论自由运动的成员。"每天上课前他都要找个高处坐下，时不时地对我做出蔑视的手势。"金斯伯格回忆道。她刚开始在罗格斯教书时，每门课里大概只有五到六名女性。但随着越来越多的男性被派往越南参战，女性的数量开始慢慢增多。课堂之外，讲述受过教育的中产阶级女性对于自己困在家庭中的角色不满的《女性的奥秘》一书出版了，该书在第一次印刷时就卖出了超过一百万册。与此同时，1964年通过的《民权法案》在禁止职场种族歧视的同时，像是临时想起来一般地也顺便禁止了职场性别歧视，而通过该法案的国会议员们则开了很多"妻管严"的玩笑。（议员伊曼纽尔·赛乐开玩笑说，他在家中通常拥有最终发言权："好的，亲爱的。"）

　　该法案通过后，金斯伯格担任志愿律师的美国民权同盟新泽西分部收到了大量女性来信。金斯伯格身为女性被派去处理这些信件。她尽责地阅读了所有来信。来信中说，立顿红茶公司不允许女员工将家人添加到健康保险上，因为公司认定只有已婚男性才会有受抚养人[1]；普林斯顿大学的工程师夏令营不允许女生参加；新泽西州蒂内克市最优秀的网球运动员因为是女生而不被允许加入大学运动代表队。还有一些来信让金斯伯格回忆起自己难堪的往事。女教师们在来信中说，她们一旦显出孕肚就会被强制要求离职，有时甚至在显怀之前。学校称之为"休产假"，但这种产假既不自愿又无薪酬，而且在生完孩子之后，她们是否还能再回到课堂也要看学校的心情。一位女兵在怀孕之后被授予了荣誉退役，但是等她想要再度入伍的时候却被告知，怀孕是会导致公民"丧失入伍资格的道德及行政原因"。这些问题并不新鲜。但人们开始对这些事有所抱怨却很新鲜。至少金斯伯格之前从未想过要抱怨这些。

　　这时在法学院就读的女生们大都比金斯伯格小十岁左右。她们已不满足于口头抗争，而是提出了明确的诉求。她们中的一些来自密西西比州，在学生非暴力协调委员会[2]中推进民权运动。这些年轻的女性曾亲眼见

[1] 即 Dependent，在健康保险中，受抚养人可以享受主要投保人的各种保险福利。
[2] Student Nonviolent Coordinating Committee，二十世纪六十年代民权运动中最重要的组织之一。这个由学生领导的组织在黑人权益运动、女权运动等民权运动中做出了不可忽视的贡献。

证律师们奋力推进平权，来到法学院后却发现这里的文化依然要求女生们循规蹈矩。与此同时，各个大学也在社会压力下不得不开始逐步提高女生比例，特别是在 1968 年约翰逊总统领导的联邦政府把性别歧视列为会减少联邦拨款的"罪行"之一以后。

金斯伯格钦佩地观察着这些女生，她们与她自己那一代的女性太不一样了。在金斯伯格的那个时代，女生们根本不敢提出要求，生怕自己太过引人注目。1970 年，在学生们的请求下，金斯伯格开了罗格斯法学院历史上第一门有关女性的法律课。金斯伯格只花了大约一个月就读完了所有讨论女性法律地位的联邦判例和法律期刊论文，因为相关的讨论并不多。甚至，一本著名的教科书中有这样一句话，"土地，和女人一样，是注定要被占有的。"（这是一本讨论土地所有权的书，女人只是被作为比喻以便读者理解。）读完这些材料，金斯伯格暗下决心：她将不再默默忍受自己因为女性身份而遭受的不公了，包括她工资的"女士折扣"。金斯伯格和其他女教授一起提起了联邦集体诉讼，控告大学在薪酬方面歧视女性。她们赢了。

不再默默无闻

1971 年 8 月 20 日，新泽西州斯普林菲尔德市一位名叫兰妮·卡普兰的女邮递员写信给美国民权同盟新泽西分部，投诉邮局不允许她佩戴男性邮递员佩戴的邮帽。"女邮递员的帽子是没有帽檐的贝雷帽或者小圆帽，我的徽章没法别在上面，"兰妮在信中解释道，"而且，男邮帽的帽檐可以遮挡阳光直射眼睛，女邮帽却不行。"

当时，金斯伯格正在准备去哈佛法学院做一学期的访学教授，她也已经成功将一些案件诉到了最高法院。但对她来说，没有什么性别歧视的案件是无关紧要的。"男性邮帽的某些功能特征可以促进工作表现，通过邮帽样式来区分男女邮递员是以牺牲这些功能作为代价的，这样的规定无疑是武断的。"金斯伯格在给邮政局局长的信中写道。这位局长当时可能还不知道自己将面对一个什么样的对手。

金斯伯格清楚地知道，写言辞激烈的信件来对抗性别歧视只是杯水车薪。如果不从根本上解决这个问题，总会有更多性别歧视的法律规定出现。女权主义活动者应有大局观。不管是在邮帽样式的小问题上还是联邦政策的规定

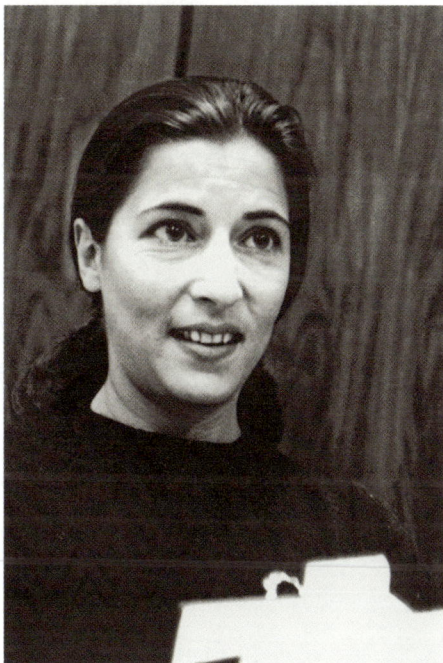

中，美国需要的是更广泛的对性别平等的认同。几十年来，一部分女权主义者认为，达成性别平等的最终解决方案是在宪法中加入一条平权修正案："美国联邦及州政府不应基于性别区别对待而损害法律中的平等权利原则。"

1923 年开始的每一次国会会议中，这条缩写为 ERA[1] 的修正案都会被提出，但从未获得通过。金斯伯格觉得这也许是因为现行宪法中已经提供了达到性别平等的解决方案。毕竟，宪法序言的第一句话就以"我们人民"开头，女性也是人民的一部分。虽然在历史上的很长一段时间中受到了各种限制，但女性难道不配与其他人民一样得到宪法第十四修正案下承诺的平等保护吗？问题是，金斯伯格要如何让最高法院上的至少五名大法官认同她对于宪法的理解。二十世纪七十年代初期，女性在社会中的角色已发生了根本变化，唯独最高法院还故步自封。也许，如果可以把一个合适的案子诉到最高法院，大法官们会改变自己的看法。

一天晚上，金斯伯格照常在卧室里工作，思考着诉讼策略。"有个案子你一定要读一下。"照常在餐厅里工作的马丁突然大声说道。"我不读税法的案子。"金斯伯格回应道。但她后来很庆幸自己读了这个案子。

查尔斯·莫里茨是位经常需要出差的推销员，他跟自己八十九岁的老母亲一起住在丹佛市。每次出差，莫里茨都需要雇人照顾自己的老母亲，但当他想要申报这些费用来申请税务减免时却遇到了麻烦。美国国税局只允许女性、鳏夫或者妻子丧失行为能力的男人申报照顾家人的费用来减免一部分税务，但莫里茨却是个从未结过婚的男人。显然，政府

---

[1] 全称为 Equal Rights Amendment，即平等权利修正案。

从未考虑过男人也有可能需要独立承担照顾家庭成员的责任。读完这个案子，金斯伯格咧开嘴笑了，她对马丁说："我们来接这个案子。"这是她和马丁第一次职业上的合作。

表面上，"莫里茨案"很不起眼，莫里茨雇人照顾母亲的费用不过区区六百美元。而且此案与对女性的不公似乎也无太大关联。但马丁和金斯伯格有着更长远的打算。在他们看来，政府毫无正当理由，而是仅依据性别就拒绝给予某个性别的公民政府福利。如果法院判定该政策有误，此案将作为判例广泛促进对于性别平等的认知。

金斯伯格写信给了她年少时在夏令营认识的老朋友梅尔·沃尔夫寻求支持。沃尔夫现任美国民权同盟的全国法务总监，他决定支持金斯伯格夫妇对该案的诉讼。沃尔夫后来告诉作家弗雷德·斯泽贝夫，自己知道金斯伯格在新泽西做一些"底层的女性权益工作"，他还向斯泽贝夫

吹嘘他要让金斯伯格"从默默无闻中脱离出来"。他会帮她诉到最高法院。

金斯伯格夫妇在辩护状中提出，"当男女的生理差别与问题中的事务并无关联时"，政府不可区别对待男性和女性。金斯伯格把撰写好的辩护状发给了沃尔夫。她知道美国民权同盟已接下"里德诉里德案"在最高法院的辩护。在"里德诉里德案"中，爱达荷州的法律规定男性相较于女性拥有处理遗产的优先权。在此案中，莎莉·里德的丈夫塞西尔·里德常对莎莉拳脚相加，后来又抛妻弃子，但当他们的儿子自杀后，按照爱达荷州的法律规定，因为塞西尔是男性，因此他拥有处理亡子留下的不多遗产的权利。金斯伯格认为，如果把"莫里茨案"和"里德案"合并成一个案子诉到最高法院，就有可能让大法官们意识到性别歧视对所有人都是一种伤害。

"这些材料里应该有对'里德诉里德案'有利的东西。"金斯伯格在 1971 年 4 月 6 日给沃尔夫的信中写道，信里附有她撰写的"莫里茨案"的辩护状，"你有没有考虑过也许加一个女性共同辩护律师会对此案有利？"金斯伯格几乎从未因为自己的性别而要求别人给予她特殊考虑，但她觉得如果这么做可以让她去最高法院辩护，那也是值得的。很多年之后，沃尔夫告诉斯泽贝尔，"好吧，也许我并没有让金斯伯格从默默无闻中脱离出来。也许是她自己让她不再默默无闻了"。他没说错。沃尔夫告诉金斯伯格他确实需要她的帮助把莎莉·里德的案子诉到最高法院。

最高法院从未见过
一个它不喜欢的性别区分案

————

把"里德案"诉到最高法院存在巨大的风险。如果最高法院还没有做好推翻把女性作为二等公民判例的准备，"里德案"可能会使最高法院在这条错误的道路上愈走愈远。仅十年之前的 1961 年，一位名叫格温多琳·霍伊特的女性被完全由男性组成的陪审团判定谋杀丈夫的罪名成立，她对该陪审团的组成提出了质疑。在佛罗里达州，男性公民必须履行陪审员义务，而女性则需要主动选择成为陪审员。最高法院的大法官们认为，女性是否参与社会公民活动无关紧要，毕竟，女性还"依然被认为是家庭生活的中心"。"霍伊特案"表明了最高法院对待性别议题的态度从 1948 年开始就没有进步过。1948 年，菲利克斯·弗兰克福特大法官——那个拒绝雇佣金斯伯格为法官助理的最高法院大法官——在一份意见书中遗憾地表示，允许女性做酒吧调酒师可能会"导致道德缺失并引发各种社会问题"。

金斯伯格念法学院时曾在宝维斯律师事务所工作过一个暑假，在那里，她认识了一位名叫泡利·默里的黑人女性律师。当时的民权运动中，种族平等和性别平等一般被认为是两码事。但默里充满激情地在民权运动的各部分之间建立纽带，她认为男性在民权运动中占据了太多主导地位，而女权运动者又常对种族议题不甚了解。尽管金斯伯格是那个让最

243/5775

No 72-1398

IN THE

Supreme Court of the United States

October Term, 1972

Commissioner of Internal Revenue,

—v.—   Petitioner,

Charles E. Moritz,

Respondent.

ON PETITION FOR A WRIT OF CERTIORARI TO THE
UNITED STATES COURT OF APPEALS FOR THE TENTH CIRCUIT

No. 72-1398

BRIEF FOR THE RESPONDENT IN OPPOSITION

Ruth Bader Ginsburg
Martin D. Ginsburg
Melvin L. Wulf
American Civil Liberties Union
Foundation
22 East 40th Street
New York, New York 10016

Attorneys for Respondent

MDG – did you
ever get an answer
on what the
revenue loss
would be?

MDG – This is fine, I think
should we use Carter & Gallagher???

高法院向着一个新方向前进的人，默里却是这条路上的第一位开拓者。

　　早在 1961 年，默里就提出了一个理论，即宪法第十四修正案平等保护条款本身就足以为女性解放提供法律依据。默里及其美国民权同盟的同事多萝西·凯尼斯试图找到一个推翻"霍伊特案"判例的方法。1965 年，默里与他人合著了

068

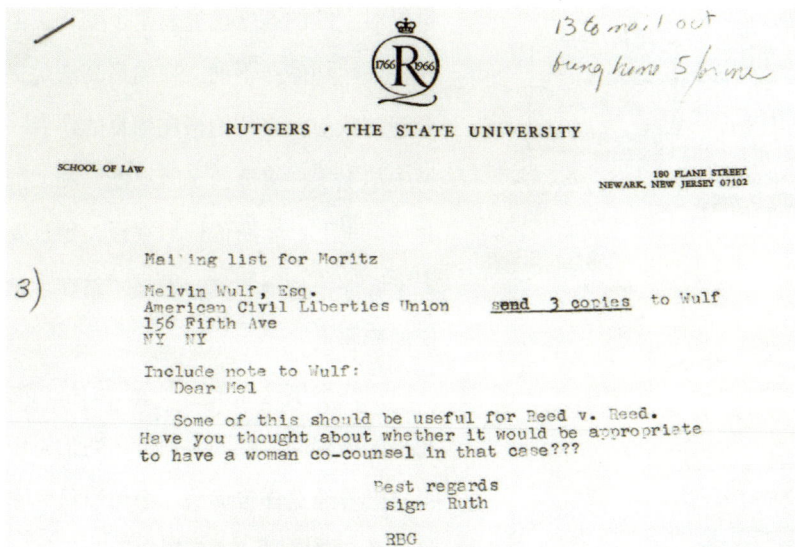

一篇对种族压迫和性别压迫进行比较的论文——《被歧视压迫的女性与法律》，当时正在罗格斯法学院授课的金斯伯格把这篇文章纳入了课程大纲。该论文提出，种族问题和性别问题各自独立，但又相互关联。在这篇文章发表的一年后，默里和凯尼斯想把这个理论运用到实践中去。于是，她们对亚拉巴马州的一个判决提出了质疑，在该案中，完全由白人男性组成的陪审团认定杀害了两位选举权运动积极分子的疑犯们无罪。她们赢得了该案的胜利，但由于败诉的亚拉巴马州决定不上诉，这个案子没能诉到最高法院。

在金斯伯格即将声名远扬的"里德案"辩护状中充满了默里提出的理论的痕迹，而且该辩护状还少见地引用了西蒙娜·德·波伏娃、诗人阿尔弗雷德·罗德·坦尼森，以及社会学家冈纳·米达尔的话。金斯伯格女权主义法律课中的学生们也参与了该辩护状的撰写。该辩护状指出，

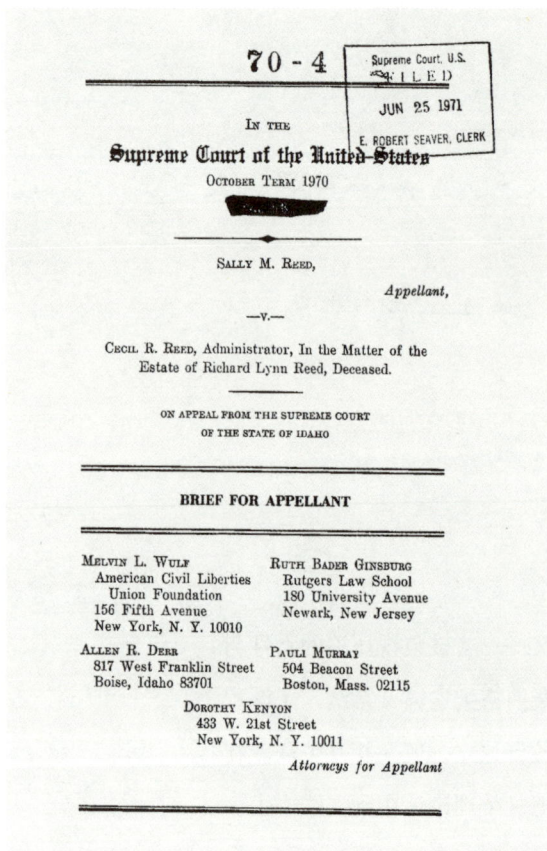

70 - 4

Supreme Court, U.S.
FILED

JUN 25 1971

E. ROBERT SEAVER, CLERK

IN THE

Supreme Court of the United States

OCTOBER TERM 1970

SALLY M. REED,

Appellant,

—v.—

CECIL R. REED, Administrator, In the Matter of the
Estate of Richard Lynn Reed, Deceased.

ON APPEAL FROM THE SUPREME COURT
OF THE STATE OF IDAHO

BRIEF FOR APPELLANT

MELVIN L. WULF
American Civil Liberties
Union Foundation
156 Fifth Avenue
New York, N. Y. 10010

RUTH BADER GINSBURG
Rutgers Law School
180 University Avenue
Newark, New Jersey

ALLEN R. DERR
817 West Franklin Street
Boise, Idaho 83701

PAULI MURRAY
504 Beacon Street
Boston, Mass. 02115

DOROTHY KENYON
433 W. 21st Street
New York, N. Y. 10011

Attorneys for Appellant

世界对女性的态度已经发生了变化，但相关法律却停滞不前。在向最高法院提交辩护状前，金斯伯格在扉页的作者一栏中加上了"多萝西·凯尼斯"和"泡利·默里"。金斯伯格后来说，她想要大家能够清楚地知道，她是"站在了她们的肩膀上"。

"你不该这样做。"金斯伯格当时在美国民权同盟的同事伯特·纽伯恩记得自己曾经这样告诉她。纽伯恩认为多加这两个名字是"违反规定"的。

"我不在乎，"金斯伯格回答道，"她们本就应该得到重视。"后来，金斯伯格表示，自己不过是继续了凯尼斯和默里未竟的事业。而她的幸运之处在于，这个世界终于做好了倾听的准备。

金斯伯格在"里德诉里德案"中的辩护状节选[*]

第 15-314 号法令不考虑个人能力差异，仅基于性别而要求女性从属于男性，该法案的区别对待构成了需进行严格司法审查的"**可疑分类**"。立法者可以基于个体需求或个人能力对某些个人进行区别对待，但一般不允许仅基于个人无法改变或控制的生理特征而区别对待这些特定群体，一个人不应因为自己的生理特征而在法律中处于不利地位。性别，和种族一样，是与生俱来、难以改变的生理特征，法律应对存在性别歧视和种族歧视的法律进行相同程度的司法审查。

在美国，女性想要得到与男性公平竞争的权利道阻且长，因为不论在社会、文化，还是法律的传统中均存在着对于女性的歧视。**其他少数团体得以通过"可疑分类"条例逐渐向着法律中的平等地位前进着**，但女性却因为缺乏在立法和制定政策领域的充分代表权，也无足够的政治力量，因而难以改变女性群体在社会中和法律上被歧视对待的境遇。

在有关平等保护原则的案件中，对基于"可疑分类"区别对待的法律会受到更详尽严格的司法审查，因此政府和立法者需要更充足的理由才能正当化这种分类。

金斯伯格在这里引用了一个概念：历史上受到过歧视的少数群体理应得到法院更充分的保护。

★ 感谢杜克大学法律与政治学教授尼尔·西格尔以及耶鲁大学法律教授瑞瓦·西格尔为此节选以及"斯科拉克诉国防部长案""美利坚合众国诉弗吉尼亚案"以及"冈萨雷斯诉卡哈特案"节选中所提供的评论。

女性正在走上街头，要求平等权利，这种趋势无法继续被无视。

金斯伯格在此处引用了菲利克斯·弗兰克福特大法官撰写的一篇判决书，在该判决书中，弗兰克福特大法官撰写的判决书支持禁止女性做调酒师的法律。弗兰克福特就是那位因为金斯伯格的性别而拒绝雇佣她为法官助理的大法官。

金斯伯格想要建立起一个观念：男女因为生理差异而注定承担不同社会角色的观念十分荒谬。毕竟，大多数社会责任与你的身体部位长什么样有何必然联系？

在爱达荷州看来，追求平等在行政上实在太不方便了。这个理由不够好，金斯伯格说。

对女性和孩子工作环境进行规定的所谓保护性法律，虽然包括安全标准，但同时也限制了工资、工作时长和晋升机会。

#仁慈的性别歧视

金斯伯格在后来不再提出这样的论点，因为，用她自己的话来说，她"对于压迫女性和压迫其他少数族裔的异同点变得更加敏感——被压迫的人民并不一定是以同种方式或以同样的程度被压迫着"。

如若不能建立起坚实的宪法理论基础来确立男女应受到平等法律对待的原则，女性想以个人能力而非其性别受到评判的期望将阻碍重重。

最高法院的一些判例是美国女性受到不平等对待的原因之一。但男权社会中把女性作为低等公民对待，即便有时不易察觉，**也已经引起了社会的关注和愤慨**。

现在的基本情况是，立法者只需最基本的理由就可以**"对不同性别进行完全不同的对待"**。最高法院改变该情况的时机已经成熟，就如同分别对待种族的法律一度毫无争议，但随着社会环境的变化，最高法院最终判定这样的法律违宪一样。

男女的生理差异与处理遗产能力的高低毫无关联。爱达荷州为了**行政上方便**的考虑而在遗产处理者的竞争中把女性排除在外。但处理遗产的权利是人格权利的一部分，而州政府没有任何令人信服的正当理由来解释州法中这种对女性的歧视和对权利的剥夺。如果基于性别的区别对待属于"可疑分类"，那么州政府就无法仅为了减少行政麻烦的政府利益来正当化这种区别对待。

……那些阻止女性充分参与政治、商业和经济领域的法律常常被描绘为"保护女性"或是为女性着想。但是如果用同样的法律来限定少数种族或少数族裔则会被认定是不公平且违法的。女性看似是

被捧在高台上细心呵护，但细看之下却是被关在了伪装成高台的牢笼之中。

1971 年 11 月 22 日，金斯伯格疲惫地坐在下班回家的火车上。偶然从阅读中抬起头时，她不经意看到了一位男士手中拿着的《纽约邮报》头版上赫然写着"最高法院判定性别歧视不合法"。金斯伯格读完了判决书原文后发现这种说法并不完全正确。无可否认，该判决确实是里程碑式的胜利——最高法院不仅判定莎莉·里德赢得了诉讼，而且这也是最高法院历史上第一次废除基于性别而区别对待的法律，但是该判决书中的论理过程十分模糊，也未能确立起一条有关性别歧视的明确规定。金斯伯格的工作才刚刚开始。

女权项目的诞生

————

  早期美国民权同盟女权项目寄出信件上的邮票图案十分出人意料，这些邮票上居然印着花花公子兔女郎。至少有一位收到这样信件的人对此表示过愤慨。但这完全是因为《花花公子》杂志是美国民权同盟的大赞助商，这些邮票是它对女权项目的物品捐赠。美国民权同盟中的这个女权分部刚起步时一穷二白，它的第一位全职员工是后来成了女权运动家的哈佛法学院毕业生布兰达·费根。金斯伯格的学生们也会时不时地来帮她干一些跑腿的活儿。

  尽管经费和人员都有限，金斯伯格对该项目仍抱有远大的理想。在赢了"里德案"后，金斯伯格向美国民权同盟提出了自己对于女权项目的发展计划。除了《花花公子》杂志创始人休·赫夫纳，欧文·格里斯沃尔德也是一位出人意料的女权项目非官方赞助者。金斯伯格夫妇在第十巡回法院赢了"莫里茨案"后，就任联邦副检察长的格里斯沃尔德向最高法院抗议，认为最高法院必须推翻第十巡回法院的判决，否则上百条联邦法律都会被判定为违宪。为了证明自己的观点，格里斯沃尔德在辩护状中附上了附件五，其中包括了所

有区别对待男女的法律规定。金斯伯格马上意识到了这份附件是什么：她要推翻的法律清单。

当时美国出台了各种法律禁止工资、雇佣及教育歧视，但是金斯伯格明白纸上的承诺是靠不住的。"在社会、文化和法律中都存在性别歧视的大背景下，女性想要得到平等的权利道阻且长。"金斯伯格在1972年10月的一份计划书中写道。美国民权同盟的女权项目有三大任务：教育公众、改变法律以及在美国民权同盟各地分部的帮助下进行女权案件的诉讼。

为女性争取平等权利意味着对各个方面都提出质疑。尽管在社会的压力下，最高法院判定堕胎合法，但是"实施堕胎手术和堕胎过程中可享受的医疗福利都依然受到过度限制，这些问题都应受到进一步质疑"。女权项目的其他优先任务，金斯伯格写道，还包括"自由选择绝育的权利"——医生常劝中产阶级白人女性不要绝育——"和不被强迫绝育的权利"——有色人种女性和被认为"心智不健全"的女性常常会被迫绝育。该项目，金斯伯格写道，会对教育和培训项目中存在的歧视，房屋抵押、信用卡、贷款和房屋租赁中对女性的限制，在监狱或军队中对女性的歧视，以及"因为性生活活跃而将少女囚禁在少管所中"的做法提出质疑。该项目也会对歧视孕妇的机构提出质疑。

1973年5月14日，最高法院对"弗朗蒂罗诉理查森案"做出了判决，这是金斯伯格第一次独立在最高法院出庭的案件。从理论上来说，金斯伯格又一次获得了胜利：最高法院推翻了认为女性军人莎朗·弗朗蒂罗的工作对她家庭的重要性亚于男性军人对他家庭重要性的规定。威廉·布伦南大法官撰写的判决书听起来似乎是女权运动的胜利。"传统上，这种歧视常被认为是'浪漫的父权主义'而被正当化，但实际上，这种做法并不是将女性捧在高台上呵护，而是将她们关进了充满限制的牢笼。"布伦南大法官写道，这完全就是女权律师的原话。但在该案中，金斯伯格还是没能成功地让五位大法官赞同一个更广泛的原则，即大多数基于性别区别对待的法律都是违宪的。威廉·伦奎斯特大法官是该案中唯一的异议大法官。他告诉《洛杉矶时报》："我老婆很久之前就已经接受了自己嫁给了一个男性沙文主义猪的事实，而我的女儿们对我做的任何事都毫无兴趣。"

但在这个案子中，金斯伯格学到了将伴随她终生的一课。她一直在试图教化其他大法官，而且她也不打算放弃。但她后来承认："人不可能一下子就接受一个观念。我认为，社会变革需要逐步累积、循序渐进。真正的、可持续的改变需要一步一个脚印才会发生。"她必须保持耐心。她必须计划好策略。而且她偶尔需要装聋作哑。

金斯伯格的女权运动伙伴们时常火急火燎地想要马上改变世界，这时候金斯伯格就会说服他们从她的角度看待问题。"她坚持我们按部就班、循序渐进地去改变法律，"金斯伯格在美国民权同盟的同事凯瑟琳·帕拉提斯后来说，"'只向最高法院提交符合逻辑的下一个案件，'金斯伯格总是这样提醒我们，然后下一个，再下一个。'不要争多求快，不然可能会输掉本应赢得胜利的案子。'她经常说，'这个案子的时机还没有成熟。'我们一般都会听从她的意见，每次我们不听她的时候就总是输掉诉讼。"

金斯伯格教授

————

　　尽管金斯伯格很少追求他人关注，但她逐渐声名鹊起。"金斯伯格不像格洛丽亚·斯泰纳姆[1]那样简单直接，也不像贝蒂·弗里丹[2]那样强劲有力，"金斯伯格的一位学生描述道，"她的头发一般绑成马尾辫。她说话语气平淡，有时带着些许犹豫，但内容却总是很精准。她穿着保守。学生们私下亲热地称她为鲁蒂，就好像她是自己的犹太婶婶一样。学生们即便跟她不太熟悉，也会感觉到和她很亲近。"金斯伯格的学生们在一次课程评估中写道，金斯伯格"非常智慧"，是一位"非常优秀的教师"，但同时"与学生保持距离"且"个性相当保守"。

　　1972 年，在拒绝雇佣金斯伯格九年之后，金斯伯格的母校哥伦比亚法学院终于认识到了她的价值。哥大邀请金斯伯格成为其法学院第一位拥有终身教职的女性教授，并同意她留出一部分时间在美国民权同盟的工作上，金斯伯格接受了这个邀约。《纽约时报》的报道写道，哥伦比亚大学"刚刚取得了巨大成功，它毫不掩饰自己对于法学院获得了一位女性全职教授的喜悦"。毕竟，在法学院的院长看来，不像之前一百一十四年间所有应征并被拒绝的女性，"金斯伯格太太"是够格做

[1] Gloria Steinem，美国著名女权主义者、记者及社会活动家，在二十世纪六七十年代被广泛认为是当时女权运动的发言人。
[2] Betty Friedan，美国著名作家、女权主义者及社会活动家，曾是美国女权运动的领导者。她 1963 年出版的著作《女性的奥秘》常被认为引发了美国二十世纪的第二波女权运动。

教授的。（"我就对一件事有点好奇，"金斯伯格在这篇报道发表后写信给这位记者，"《纽约时报》是决定不使用'女士'这个称呼吗？"）

在这次采访中，金斯伯格发表了一段出人意料的直白讲话。"对我来说，唯一的限制因素就是时间。我不会为了让他们高兴而限制自己的工作。"显然，她话中的"他们"指的是哥大法学院的教员和行政部门。"我认为不会有什么问题，"她过了一会儿又补充道，"人们表面上都会很和善，虽然心里可能会对我做的事情有所怀疑。但我认为他们不会把这种怀疑表达出来。"

确实有一些人对金斯伯格怀有疑虑，但是哥大的女性员工们都在等着她的到来。金斯伯格刚入职就有许多人联系她，向她诉说自己对哥大的不满。金斯伯格知道哥大员工没有孕期保险而且女性员工的养老金和工资都低于男性同事吗？好，她现在知道了。金斯伯格帮助一百位实名原告代表哥大所有女性教员和行政人员提起了集体诉讼。她们赢得了诉讼。金斯伯格知道哥大计划裁掉超过二十名女性清洁工，其中大部分是有色女性，却不打算辞退任何一名男性清洁工吗？"我们认为要阻止大学辞退女性清洁工的关键在于让大家看到校园中对她们的各种支持。"活动者们以这些女性清洁工的名义写道。

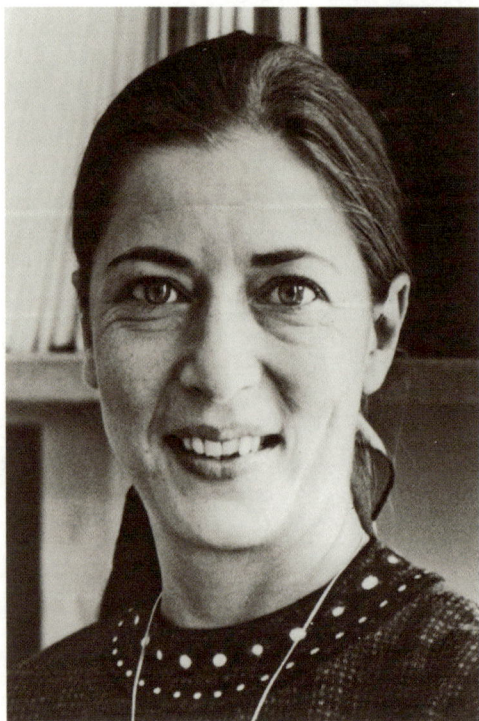

金斯伯格给哥大校长写了一封信，在信中，她把开除女清洁工的决定称为"会给哥大造成巨大经济损失的严重错误决策"，并

督促校长"不要走上该错误道路以免需要去联邦法院中应诉"。金斯伯格还参与各种会议来给哥大施加压力。她甚至得到了美国民权同盟及其纽约分部的配合，尽管这一举动彻底激怒了帮助金斯伯格在罗格斯法学院得到教职的哥大法学教授瓦尔特·吉尔霍恩。吉尔霍恩写了一封信给美国民权同盟的"先生们"，指责他们过于草率地得出了哥大存在性别歧视的结论。（金斯伯格愤怒地在该信的行间写下了潦草的批注："他完全误解了这个案子的本质。根本不是这样的！！！"）

"现在这种情况，"吉尔霍恩说，让他担心美国民权同盟"在不公还未发生时就开始叫嚷着要争取平等"。遗憾的是，"mansplaining"[1]这个词离被发明还有好几十年。哥大最终决定不开除任何一位清洁工。

金斯伯格虽然在哥大拥有终身教职，但她并不是非得引起这些战争，

[1] Mansplaining 这个词是结合了男人（man）和解释（explaining）两个词的新造词。通常意为一些男人仅因自己谈话的对象是女性就想当然地认为自己懂得比她多，也意指男性试图向女性解释一些自己不甚了解或了解其实不如女性多的事务。

特别在她的一些同事还对她心存疑虑的情况下。"金斯伯格在哥大存在的本身就引起了一定的敌意，还有一些人认为她被雇佣完全是因为哥大出于舆论压力而不得不雇佣一名女性。"金斯伯格的一位名叫戴安·齐默尔曼的学生回忆道。金斯伯格知道，当时一些人说"平权行动"[1] 时是把它当作一种侮辱。"而其他人则认为，"金斯伯格后来写道，"至少，'存在歧视'的日子已经过去了。"

[1] 即 Affirmative action，指的是在政策与法律上特别偏向于曾在历史中受过歧视的群体，包括少数族裔、女性等。该政策甫一问世便受到美国保守右翼的批评，而二十世纪八十年代至今争议尤为激烈。

不想堕胎的女人

———

美国民权同盟在位于纽约市第 40 街的新办公室里建立了女权项目办公室。布兰达·费根在办公室门上挂了一块写着"女人正在工作"的明黄色标志来划出女权项目的地盘。金斯伯格很喜欢这个标志。在女权项目工作的律师妈妈们还带来了她们幼小的孩子，她们在办公室中给宝宝喂奶，繁忙工作时就把宝宝们交给在这里兼职的大学生帮忙照看。在这些热闹与混乱之中，金斯伯格有条不紊地工作着，她的办公桌是一片平静的绿洲。金斯伯格已与当时在俄克拉何马州因怀孕被辞退以及在罗格斯法学院用宽松衣物遮掩孕肚的自己有了天壤之别。

但这种美好的工作环境只存在于美国民权同盟里。在外面真实的世界里，如何实现生育自由这个问题仍然是一团难解的乱麻。女权项目想要把怀孕和一系列性别歧视的案件联系在一起，但存在一个问题：虽然男人也可以照顾老人和孩子，女人也被允许参军或是掌握家庭财权，但只有女人可以怀孕生子。金斯伯格和她的同事们必须让大法官们认识到，怀孕本身就是一件关乎公平，或者更严格来说，关乎不公平的事，怀孕并非仅仅是女性完全出于自愿去承担的生理过程。更进一步，金斯伯格想要最高法院认识到，如果没有可以决定自己是否怀孕的生育自由，女性永无平等可言。生育自由意味着赋予女性堕胎权和在怀孕时不受歧视的权利。

苏珊·斯科拉克上尉是一名空军护士，她虽不认为自己是女权主义者，但也并不遵循传统女性的行为准则。比如说，她曾自愿报名去参加越南战争。1970 年，斯科拉克怀孕了，部队给了她两种选择，辞职或者堕胎，斯科拉克既不想辞职也不愿意堕胎。讽刺的是，当时堕胎在美国几乎所有州里都是违法的，1969 年，激进女权主义者们在纽约教堂的地下室里举办了历史上第一次关于堕胎的公共演讲都还是惊世骇俗之举。但军营却是一个例外。斯科拉克从小就是天主教教徒，她参军的这几年攒下的假期足够让她生完孩子并把孩子交给别人领养。于是，斯科拉克无视军队开除她的通知，并找到了美国民权同盟来质疑军队对她的开除决定。

金斯伯格毫不犹豫地接受了这个案子，她想要循序渐进地让最高法院意识到生育自由是男女平等不可或缺的条件，就从这个当事人不愿堕胎的案子开始。金斯伯格没法不注意到美国政府的虚伪：政府禁止堕胎，但在军队觉得堕胎更有利时却又强制女军官堕胎。除此之外，在最高法院的这个审判年度内，美国民权同盟的其他律师还积极参与了另外两起对禁止堕胎的州法提出质疑的诉讼，"多伊诉博尔顿案"和"罗伊诉韦德案"。七年之前，在"格里斯沃尔德诉康涅狄格州案"中，原告对禁止避孕的州法提出了质疑，在最高法院中，原告主张避孕属于隐私权的保护范畴而赢得了诉讼。在"多伊案"和"罗伊案"中，美国民权同盟的律师们做出了相同的主张，即堕胎也属于隐私权的保护范畴，而没有主张堕胎属于女性平等权的一部分。但金斯伯格对此有着不同的想法，她在"斯科拉克案"这个她最喜爱案件的辩护状中明确地阐述了自己的想法。

金斯伯格在"斯科拉克诉国防部长案"的辩护状节选

———

"**空军规定**……女性军官一经确认怀孕必须马上开除。该规定不仅反映了空军武断限制军中女性地位的现状，而且违背了立法与司法中已确认的原则，即**个人发展和平等机会不应被刻板印象所限制**；空军的规定建立在对于怀孕女性的刻板印象上……完全无视个人能力和资质。因此，该规定违反了美国宪法第五修正案的正当程序原则。"

这条规定仅针对怀孕一种情形，怀孕是女性特有的、会造成短暂时间内无法充分发挥完全身体功能的身体状况。**其他任何可能造成一段时间内无法完全发挥完全身体功能的身体状况都没有被包括在这个规定中，不论这种身体状况影响的是男人还是女人。**

在各种阻碍女性追求平等权利的障碍中，因为女性特有的生育能力而造成的区别对待首当其冲。**直到最近，法学家们都还认为任何对孕妇和母亲的歧视实际上都是"为了她们好"。**但实际上，各种

该规定是这样写的："一旦女性军官经由军医确认怀孕必须马上被辞退。"换句话说，要么堕胎，要么失业。

这一句话反映了金斯伯格的基本观点。她把自己对于怀孕的看法和对于性别歧视的看法联系在了一起。

这个理论是，如果怀孕和其他导致暂时无法完全发挥全部身体功能的身体状况被同等对待，那么就不会单是女性受到歧视。毕竟，男人在受伤或生病的时候也会需要离职一段时间。为什么女性想要离职一段时间就会受到特殊对待呢？

"善意的"怀孕政策中也包括了女性员工一旦显怀就马上开除她的政策。在金斯伯格撰写了这篇辩护状的两年之后，最高法院在"克利夫兰教育局诉拉弗勒案"中推翻了一个这样的政策。

从一开始，金斯伯格就认为女性在生育中所扮演的角色是社会歧视的主要来源，而平等保护正应该禁止这样的歧视。

当时，不可基于种族或宗教信仰的刻板印象来评判个人的理论已被最高法院所接受。

金斯伯格在这里很大胆地提出女性不仅应当得到和男人平等的工作机会，也应当得到平等地享受性爱自由的权利。

虽然在今天，在类似于"好么来案"的案子中，宗教人士常用"良知"理论来反对避孕和堕胎，但在当时，自由主义者却同样用了良知理论来解释为什么女性不应受到州政府对于她们生育决定的干涉。

限制性规定，特别是解雇怀孕女性的规定，是阻碍女性发展的最大障碍。**最高法院近一百年来的判例也加重了这种对女性的不利对待：看似是对女性独有的生育能力的善意褒奖与保护，实际上却阻碍了她们个人才华的发挥与能力的提高，并迫使她们接受自己在社会中从属、依附的地位。**

空军的这一规定建立在性别刻板印象上，性别刻板印象和基于种族或宗教信仰而产生的刻板印象一样是不公平的，而且，这一规定还侵犯了原告受宪法保护的隐私权和自由依照宗教信仰行事的权利。通过禁止怀孕军官继续在空军中服役，该政策"鼓励"女性军官不要怀孕。**然而，空军中的男性军官则没有以开除作为威胁而被变相"鼓励"放弃为人父会带来的乐趣与责任。在空军中服役的男性不会受到政府对于自己性生活隐私或生育决定的侵犯。只有服役的女性会受到如此"规定"的管辖；她如果想要在空军中有所作为就必须放弃生育孩子……**

本案原告是天主教教徒，她虽然没有要求法院因为她的宗教信仰而给予她特殊待遇，但需要强调的是，本案中空军的规定对那些和她有着相同信仰的女性来说尤为残忍……在原告的宗教信仰中，不存在终结胎儿生命这一选项。**因此，这个规定要求她必须选择牺牲自己在空军中的事业发展，或是牺牲自己的隐私权、性生活自主权和宗教良知。**

……由此得出的结论毋庸置疑：要求开除斯科拉克上尉的规定反映了空军对女性独有身体状况的公然偏见……如果仅因女性怀孕就开除她不算性别歧视，那么没有任何事可以算得上是性别歧视了！

　　1972 年 12 月 4 日，金斯伯格向最高法院提交了"斯科拉克案"的辩护状。同一天，她得知了一个坏消息。联邦副检察长格里斯沃尔德感觉到空军可能会输掉这个案子，于是说服空军当局修正了开除怀孕女性军官的政策。因此，该案因为已不存在实际意义而被驳回了。但是金斯伯格仍不死心。她问当时在北达科他州迈诺特空军基地中孤身奋战的斯科拉克有没有任何办法可以把这个案子继续诉下去。

　　斯科拉克曾梦想成为一位飞行员。金斯伯格和她因此大笑了一场。女性飞行员？这根本是想都不能想的事。

代价

在"斯科拉克案"进入了死胡同六星期之后，最高法院在"多伊案"和"罗伊案"中做出了相似的判决。九位大法官中的七位宣布宪法保护的隐私权"包括女性决定是否终止怀孕的权利"，并判决废除了所有州的反堕胎法。但是，在之后的多年中，金斯伯格从不掩饰自己对哈利·布莱克门大法官撰写的判决书的不满。"在这两份判决书中，最高法院给予女性的并非她们个人享有的权利，"她不满地评论道，"她们必须在咨询医生后才能做出决定。所以最高法院描绘的图景是一位高大的医生和一位需要他帮助的小妇人。"更糟糕的是，这个涵盖广泛的判决违反了金斯伯格循序渐进改变法律的理念，她相信那才是唯一可能真正改变人们观念的方式。

最高法院在这个问题上选择的道路与金斯伯格原本期望大法官们会逐渐接受的道路大相径庭，而且似乎毫无回转的余地。如果堕胎是属于个人隐私的私人决定，那么公共保险需要像支付其他医疗费用一样支付堕胎的费用吗？答案是否定的。在"罗伊案"判决七年之后，最高法院判定联邦政府可以禁止为堕胎拨款。"隐私权"的代价落在了贫穷女性的身上。如果一名女性像斯科拉可那样不愿意堕胎，怎么办？她继续工作不受歧视的权利是否也属于隐私权的保护范畴？很快，最高法院就对这个问题做出了回答。

长久以来，由于女性怀孕的可能性，雇主们不仅拒绝给予她们被雇佣或升迁的机会，而且经常强迫她们在怀孕后无薪休假，然后在她们准备好继续工作时拒绝让她们回到工作岗位上。这样对待女性，金斯伯格提出，和"里德案"与"弗朗蒂罗案"中涉及的法律一样，是对女性"命中注定的"角色做出了不恰当的预设。这种预设"建立在女性生理限制和女性在社会中'恰当地位'的性别刻板印象上"。二十世纪七十年代，最高法院开庭审理了一系列有关怀孕女性权利的案件，金斯伯格在其中的一个案件的法庭之友意见陈述书[1]中这样写道。"这些雇佣政策，"金斯伯格说，"与女人的'天性'或怀孕女性实际的身体状况毫无关联。"

最高法院似乎没有意识到某些女性在生养孩子的同时还必须工作。"他们的想法是，一旦女性怀孕了，她就可以待在家里照顾孩子，一切都很美好，因为她会有丈夫给她提供经济支持，"金斯伯格在 1977 年说，"但是，这种案子中的原告常常是未婚女性。她们就是自己和孩子的唯一经济来源。"不论她们收入多少，似乎女

[1] Amicus brief，最高法院的一些案件中会允许非诉讼双方的利益团体提交意见陈述书，这些陈述书中会为最高法院提供相关信息并提出观点。

Ms.

September 13

Dear Ruth —
Thank you so much
for the book, the idea
of going to the conference,
your excellent and effective
arguments — and
most of all, just for
being there.
You always make
me very, very proud.
And you change minds.

Best,
Gloria

人只要怀孕了就会被认为要马上离开公共生活。

金斯伯格还认为，怀孕女性受到的待遇跟性有关。只有女人的身体会显示出她有性生活，而且也只有女人会因此受到惩罚。一位女性军官因为怀孕了而没能得到荣誉退役的待遇，只好普通退役，金斯伯格写了一封信给她的律师。"很显然军队认为她不够'有荣誉'不是因为她怀孕了，而是她进行了会导致怀孕的行为。"金斯伯格写道，"虽然性交明显需要两个人才能进行，而且在明面上，他们也不会因为男军官（可能还有女军官）有性生活而要求他们退役。"

最高法院固执地拒绝接受这些观点。1974 年，在"戈杜尔迪格诉艾洛案"中，原告质疑医疗保险中的一个条款，此条款列举的暂时丧失劳动能力的情况不包括怀孕，但最高法院判定这不属于对女性的歧视，因为并非所有女性都是怀孕的，虽然所有怀孕的人都是女性。在另外一个案件里，通用电气公司的女性员工们对该公司提起了诉讼，因为通用电气要求所有女性员工一旦结婚就必须马上辞职，而且员工健康保险中将怀孕保险排除在外。通用电气的律师大言不惭地告诉最高法院，毕竟，女人不一定要怀孕。如果她们想要工作，这位律师建议道，这些女性现在拥有"午饭半小时治疗"的合法权利。他指的是堕胎手术。

令人震惊的是，1976 年 12 月 7 日，最高法院中大多数大法官同意了通用电气的这种说法。伦奎斯特大法官撰写了多数意见书，在这份意见书中，他代表大多数大法官表示，怀孕是种特殊情况，因为它与个人的种族或性别不同，女性是"自愿承担并且渴望"怀孕的。这个判决传达的信息很明确：如果选择生育孩子，你就必须付出代价——当然，这只针对女人。威廉·布伦南大法官和瑟古德·马歇尔大法官在他们的异议意见书中抗议道，即便怀孕是"自愿"选择的，通用电气也没有排除其他任何"所谓的'自愿'选择而导致暂时丧失劳动能力的身体状况，包括运动损伤、自杀尝试、感染性传染疾病、在犯罪或打斗中造成的损伤，或是在自愿选择的整容手术中受到的伤害"。

在"通用电气案"的判决书下达后一天之内，金斯伯格就召开会议商量备选计划来保护怀孕女性不受歧视。"她基本上是这次活动的领导者。"金斯伯格的女权律师同事朱迪斯·利科曼说。"我们只花了两年时间就推翻了这个非常糟糕，或者可以说是'愚蠢至极'的判决。"她补充道。1978年10月，国会通过了《反怀孕歧视法案》，该法案明确规定，如果雇主不像对待其他暂时丧失劳动能力的员工一样对待孕妇，那么就会被认为是歧视女性。

一些女权主义者想要法院判定怀孕与"运动损伤"或者"自愿选择的整形手术"有着本质的不同。但金斯伯格坚持认为要求对怀孕特殊对待反而会适得其反。她希望可以建立起一系列不对性别加以区分的中立政策，这样就可以使雇主难以将女性单挑出来歧视。金斯伯格在个人的和她客户的经历中学到的一课是，任何看起来像是对女性的特别优待最终都会反过来限制她们。

那男人怎么办？

———

在她所有的客户中，金斯伯格最喜欢的是斯蒂芬·维森菲尔德。维森菲尔德是单亲爸爸，他的妻子因难产不幸去世。金斯伯格想要通过把他的案子诉到最高法院来证明一个观点：性别歧视对所有人都是一种伤害。金斯伯格是通过维森菲尔德给她写的一封信而注意到了他的案子。维森菲尔德在信中说，在他家里，他是"家庭主夫"，而他的妻子宝拉是位老师并一直支付着社会保障保险。但是根据法律，只有寡妇有权得到"母亲的补偿"。金斯伯格在代表维森菲尔德递交给最高法院的辩护状中写道，该法律"反映了美国历史中长久以来都存在的性别刻板印象，这种刻板印象使得女性在经济活动中做出的努力无法得到应有的重视"。

然后，金斯伯格又做了进一步的论证。"根据这条法律，不仅女性为家庭经济做出的贡献受到了侮辱，"金斯伯格写道，"她去世后，其配偶作为父亲的角色同样不被认可。仅因为原告是父亲而非母亲，他就被剥夺了应得的福利，这些福利本可以让他留在家中照顾还在襁褓中但已经失去了母亲的儿

Monday, November 27, 1972

Social Security inequality

To the editor:

Your article about widowed men last week prompted me to point out a serious inequality in the Social Security regulations.

It has been my misfortune to discover that a male can not collect Social Security benefits as a woman can. My wife and I assumed reverse roles. She taught for seven years, the last two at Edison High School. She paid maximum dollars into Social Security. Meanwhile, I, for the most part, played homemaker.

Last June she passed away while giving birth to our only child. My son can collect benefits but I, because I am not a WOMAN homemaker, can not receive benefits.

Had I been paying into Social Security and, had I died, she would have been able to receive benefits, but male homemakers can not. I wonder if Glora Steinem knows about this?

STEPHEN WIESENFELD,
Edison

子。"接着，金斯伯格话锋一转，她写道，维森菲尔德的儿子杰森·保罗是该法律框架下的又一个受害者，因为该法律"只保护失去了父亲的孩子，却不保护失去了母亲的孩子"。

金斯伯格是在去哥大上班路上乱调汽车广播频道的时候发现自己赢得了此案的诉讼。"我的第一反应是必须控制住自己兴奋的情绪，不然我就要出车祸了，"她当天告诉一位记者，"然后等我到了哥大，我在法学院走廊里跑着去拥抱那些曾跟我一起为该案工作过的学生。其实我平时是一个非常镇定的人。"她告诉另外一个朋友她因为赢了这个案子而大哭了一场。

"考虑到该法律的目的是让失去配偶的家长得以留在家中照顾孩子，基于性别的区别对待毫无道理可言。"布伦南写道。伦奎斯特大法官虽然依然对女权运动持怀疑态度，也撰写了一份赞同意见书。在意见书中，他表示自己同意推翻该法是因为它会对孩子造成伤害。至少他也走出了一小步。金斯伯格对于此案写道："'维森菲尔德案'是达成不对性别进行区分的中性政策改革的一部分——中性政策既能照顾到传统家庭模式，同时又能消除对男性或女性无意义的限制。在这种政策下，夫妻双方可以自主创造出新的家庭传统，从而发挥自己作为人的最大潜能。"

但金斯伯格总是代表男性原告提出诉

On APRIL 14, 1975 the decision in Weinberger v. Wiesenfeld will become final. We hope you will join us in a toast to that happy event on

Sunday, APRIL 20
from 4:00 - 7:00
at 150 East 69 St. Apt. 2-G
N.Y., N.Y. 10021

R.S.V.P. to Ruth Bader Ginsburg
280-2036

讼让她的一些女权同盟感到困惑甚至愤怒。毕竟，她们建立的是女性权利项目，而不是男性权利项目。很多年之后，人们会说金斯伯格向由男性主导的最高法院提交他们同胞的案子是天才的做法。但其实事实并不那么简单。斯蒂芬·维森菲尔德这样的男人做出的选择让大法官们感到不解，有些大法官甚至对此感到愤怒：他为什么表现得像个女人？从某种意义上来说，女人想要表现得像个男人似乎更好理解。金斯伯格坚定地相信，如果女性想要平等，男性必须也被解放。几十年之后，一位不愿透露自己姓名的友人告诉《纽约时报》，在某场晚宴上，金斯伯格毫不留情地打断了另一位宾客将她所做的工作介绍为帮助"女性解放"。"金斯伯格转向他说道：'不是女性解放，而是所有人的解放。'我从来没见过她如此坚定。"

金斯伯格也不满足于仅让几个女人进入男性的职场世界。金斯伯格坚定地相信让更多女性进入公共生活对每个人都有好处，这其中当然也包括男人。"男人可以从女性身上学到许多东西，但只有女性大量出现，而非只是偶尔出现一两个时，这种学习的过程才有可能发生。"金斯伯格1978年在哈佛法学院开始招收女性二十五周年的庆典上说："想要从女性身上学到东西，男性需要和不同性格特征的女性共事，他们也需要能够和女性成为工作上的伙伴。"

当时，法学院中的女性比例已经达到了百分之三十。哈佛法学院已卸任的院长欧文·格里斯沃尔德在写给金斯伯格的信中对此表达了担忧，尽管他曾告诉金斯伯格自己"在成为院长之后尽可能快地让女性进入了哈佛法学院学习"。在信中，格里斯沃尔德焦急地表示"因为女性和少数族裔占用了许多法学院名额，给白人男性预留的空间就急剧减少了。可能是时候考虑一下他们的困境了"。金斯伯格的女儿简当时正在哈佛法学院上学。她平静地写信告诉格里斯沃尔德，她很确定即便有更多女性和有色人种入学也"不会影响白人男性拥有的和她们公平竞争的权利"。

那一天是金斯伯格在哈佛法学院的荣耀回归，台下坐着的众多年轻女性也包括她自己的女儿。金斯伯格知道，她们要走的道路比她当时走过的那条已平坦了许多，她为此感到非常高兴。她很快就会出庭辩论她在最高法院中作为律师的最后一个案子，当然，当时的金斯伯格并不知道这一点。她依然在缓慢但坚定地引导着大法官们向着她设定的方向前进，这个方向尽头的目标是认可女性作为公民的平等地位。

在她的演讲中，金斯伯格开了一个玩笑："我理解现在一些男性来到哈佛法学院是因为，"她暂停了一小会儿，"哪有比这儿更合适找到优秀妻子的地方？"

"所有男性特权都在消退，"金斯伯格继续说，"我认为，不久之后，法官们的会议室中也不再会给男性以特殊对待了。"

她是对的。

金斯伯格作为律师诉讼的女性权益案件

案件名称	涉及法律问题
有关鳏夫权益的案件： "卡恩诉谢文案"（1974）， "温伯格诉维森菲尔德案"（1975）， "卡利法诺诉戈德法布案"（1977）。	金斯伯格在这些案件中代表几位在联邦或州法律中被歧视的男性出庭。梅尔·卡恩说，免除一部分财产税的法律只对寡妇适用是对鳏夫的不公平。斯蒂芬·维森菲尔德希望可以全职照顾儿子，但只有寡妇可以领取社会保障金中的福利。里昂·戈德法布想要从社会保障金中取走亡妻的福利，但因为他的性别，他就需要多办许多手续。
有关怀孕女性权益的案件： "斯科拉克诉国防部长案"（1972）， "拉弗勒诉克利夫兰教育局案"（1974）， "戈杜尔迪格诉艾洛案"（1974）， "通用电气诉吉尔博特案"（1976）。	在这些案件中，女性被迫在堕胎和工作之间做出决定，不论是在军队（"斯科拉克案"）还是学校（"拉弗勒案"）里。而且，怀孕女性还被排除在保险和养老金计划之外。
有关黑人女性被强迫绝育的案件： "考克斯诉斯坦顿案"（1973）。	泰尔·鲁思·考克斯是一位住在北卡罗来纳州的黑人少女妈妈。她在北卡罗来纳州的优生学项目中被强制绝育，当时这个项目广泛存在且主要针对少数族裔女性。考克斯找到了美国民权同盟女权项目寻求帮助。
有关陪审员义务的案件： "爱德华兹诉希利案及泰勒诉路易斯安那州案"（1975），"杜伦诉密苏里州案"（1979）。	许多州法规定女性可以选择是否履行担任陪审员的公民义务。一些犯罪嫌疑人对这些法律提出质疑，认为这是对他们得到公平审判和法律平等保护的侵害。
有关喝淡啤酒权利的案件： "克雷格诉博伦案"（1976）。	俄克拉何马州法规定女性可以在十八岁就购买淡啤酒，但男性却要二十一岁才能购买。

"我认为，男人和女人会并肩合作把这个世界变得更美好。就像我不认为男性是更优秀的性别，我也不认为女性是。我们开始充分发挥所有人的潜力，并且消除了许多针对某些群体的障碍，我认为这些改变非常好。"——金斯伯格

"我对于针对男性群体或女性群体的概括性描述感到疑虑和担忧……因为我没有办法根据这些概括性的描述来对某一个特定的个体做出准确的判断。"——金斯伯格

金斯伯格所扮演的角色	判决结果
金斯伯格把这三个案件都诉到了最高法院。"卡恩案"是她偶然得到的，后来她说自己很不喜欢这个案子。她比较喜欢"维森菲尔德案"，因为维森菲尔德没有想要从女性那里占便宜。这些失去了妻子的男性的经历表明，正如金斯伯格在"戈德法布案"的口头辩论中说的，"性别歧视是把双刃剑。"	"卡恩案"是金斯伯格唯一一次在最高法院输掉的诉讼。"卡恩案"中的大法官们说，寡妇可以得到特殊优待，是因为她们曾受过很多歧视。金斯伯格在"维森菲尔德案"和"戈德法布案"中则都运气不错。
"斯科拉克案"没能诉到最高院，但金斯伯格在之后其他相关的案件中参与撰写了法庭之友意见陈述书。她后来说："只有女性可以怀孕；如果女性因为怀孕的事实而受到不公待遇……那么她就被剥夺了法律平等保护的权利。"	最高法院同意强迫教师在怀孕中期辞职是错误的，但拒绝禁止保险和养老金保险中对怀孕女性的区别对待，因为大法官们认为，怀孕从理论上来说是女性自愿的。
金斯伯格参与撰写的美国民权同盟女权项目提交给法院的意见书写道，北卡罗来纳州侵犯了考克斯的宪法权利。该州的优生学委员会将考克斯作为目标"是因为她同时是女性和黑人"，而且"这也是一种惩罚未婚先孕女性的方式"。当时，女权项目的创立者之一布兰达·费根，协同格洛丽亚·斯泰纳姆，深入南方进行了调查，她们一起采访了包括范妮·卢·哈摩尔在内的强制绝育项目中的幸存者们。	该案因为一个技术性的问题而失败了。2002年，北卡罗来纳州终于对其曾涵盖甚广的强制绝育项目道歉，并在2014年开始向受害者们进行经济补偿。
金斯伯格把这些案件诉到了最高法院。她对于陪审员义务的案件充满热情，因为女性可以选择是否成为陪审员中隐含的意思是"女性是家庭生活的中心，所以她们可以不履行作为公民的一项重要义务"。在"杜伦案"的口头辩论中，在伦奎斯特说"你不会满足于把苏珊·安东尼的头像印到新的一美元纸币上去的，对吧"时，金斯伯格保持了沉默。	金斯伯格获得了这些案件的胜利。"这些法律系统性地把女性排除在陪审员之外，这造成了陪审员系统中女性要比男性少15%左右。这种情况违反了宪法中公正代表全体公民的要求。"最高法院的判决书中写道。
"有点令人难堪"，但还是大胆地将它诉到了最高法院。	此案最终竟然成为了里程碑式的案件。最高法院终于在该案中确立了用"中度审查标准"来对基于性别区别对待的法律进行审查。

Don't Let 'Em Hold You Down, Reach for the Stars

异 见 时 刻

Chapter

5

不要让他们拖你的后腿，伸手去够星空

"人们经常问我，'你是不是一直都想成为法官？'我的回答是，在吉米·卡特成为总统并且下定决心要充分发挥所有人的才能之前，这种想法根本是不可能的。"

——金斯伯格，于 2010 年

像是又做了新娘。这是金斯伯格在比尔·克林顿总统领着她走到白宫玫瑰园中并宣布提名她成为下一任最高法院大法官时的感觉。但不像新娘穿白纱裙，金斯伯格穿着一条宽松的海军蓝西装裙，头发用一个大发圈扎了起来。当时在场的人中只有屈指可数的几个知道金斯伯格差点错失了这次提名。不到二十四小时之前，克林顿本要打电话让另一个人成为自己总统任期内提名的第一位最高法院大法官。是的，那个人也是男人。

但在宣布提名金斯伯格的那个下午，克林顿脸上看不出对此有一丝疑虑。他称金斯伯格为女性权益运动英雄和法律界巨星。更重要的是，克林顿说，他选择金斯伯格是因为她政治观念中立，既非自由派也非保守派，而且一直以来她的"道德准则都是缓和同事之间针锋相对的良药"。

"你无法给鲁思·巴德·金斯伯格贴上自由派或保守派的标签，她已充分证明了自己的智慧并不受这些粗暴标签的限制。"克林顿总统说。

"她亲身经历的歧视，"他补充道，"使得她在个人职业生涯的二十年间不断对抗歧视，努力让美国成为一个对我们的妻子、姐妹和女儿们更好的国度。"如果当时可以发言，金斯伯格一定还会补充道，"以及我们的丈夫、父亲、兄弟和儿子们。"

克林顿的演讲中还提到了已与金斯伯格结婚三十九年的马丁。（"当时金斯伯格还是一位非常年轻的女性。"克林顿坏笑着对听众说。）但克林顿没有提及马丁在金斯伯格的大法官提名中扮演的另一个角色：他调动了自己全部的资源来确保总统知道，在华盛顿特区里就有一位曾经是女权律师的联邦上诉法官可以担任最高法院大法官。"我其实也没起到什么作用。"马丁后来坚持说，但他的朋友卡尔·弗格森出卖了他。弗格森说马丁"大概找了几十上百个朋友"来为金斯伯格游说，他请求他们给自己在国会或白宫里认识的所有人打电话，不管他们认识的人是保守派还是自由派。当马丁听说金斯伯格长久以来对"罗伊案"的不满好像让她得到了一个"不被女权主义者信任"的名声，他又动员了金斯伯格所有的女权伙伴来为她游说。

金斯伯格很少积极推荐自己，也从未要求别人来推荐她。但当时她的一位法官助理告诉她，如果只是消极等待被总统选中的话，那她大概排在候选名单上的第二十五位。金斯伯格不得不承认，她确实很想成为最高法院大法官。

当时，克林顿总统生涯初期几次对联邦法官的任命都出现了问题，不仅引发了一连串的政治混战，还导致了一些匆忙狼狈的撤职。1993 年6 月，距离拜伦·怀特大法官宣布从最高法院退休已经过去了四个月，克林顿还没有确认提名人选。但候选人的名单被泄露给了媒体，金斯伯格并不在其中。金斯伯格当时虽然还在努力争取，但当白宫顾问伯纳德·努斯鲍姆让她周末放心去佛蒙特州参加婚礼的时候，她以为自己没戏了。然而，就在那个周末，金斯伯格突然接到努斯鲍姆的电话，让她马上回华盛顿与总统会面。

克林顿候选名单中的另一位联邦上诉法官斯蒂芬·布雷耶据称有一些税务问题，这个问题曾导致其他被提名的人选没有得到国会确认，而且克林顿也不怎么看好布雷耶。（一年之后，克林顿显然改变了主意，他还是提名布雷耶成了大法官。）克林顿最看好的候选人马里奥·库莫则在他决定提名之前的几分钟宣布退出竞选。

星期日在白宫的会面中，克林顿立刻就对金斯伯格产生了好感。克林顿总统的幕僚听说马丁是税务律师后松了一口气，觉得这下金斯伯格的税务记录肯定没有问题。实际上，金斯伯格才是家里全权处理财政事务的那个人。但当克林顿的审查员在金斯伯格夫妇位于水门大厦的公寓中审核她的税务记录时，是马丁给他们做了午餐。

克林顿的媒体联络官乔治·斯蒂芬普洛斯说，克林顿一度担心金斯伯格支持为堕胎提供公共资金会"让她看起来文化上太左"。但克林顿想要一位可以改变历史的候选人，而金斯伯格在此之前就已经创造过历史。临近午夜，克林顿打电话告知金斯伯格自己将提名她为最高法院大法官，美国有史以来的第二位女性大法官。

"明早我们会在白宫玫瑰园举行一个小仪式。"克林顿告诉她。当然，他补充道，"我们希望你可以发表一段讲话。"

这最后一句话让金斯伯格从狂喜中平静了下来。她回到了书桌前写演讲稿。幸好夜晚本就是她最有效率的时段。而且，整个提名过程发展得如此迅速还有一个好处。"白宫撰稿人没时间修改我的讲稿，"在向全国发表了第一次讲话后的金斯伯格说，"我一字未改地发表了讲话。"

美国人民第一次见到金斯伯格的那一天，她的表现与平时大相径庭，甚至她的一些朋友都从未见过她的这一面。那一天，金斯伯格戴着几乎占了脸蛋一半面积的淡紫色眼镜，热情洋溢地笑着发表了讲话，完全不像是传说中那个严肃冷淡的女人。她感谢了女权运动"为和我一样的女性们创造了许多机会"，还感谢了"二十世纪六十年代的民权运动让女权运动得到了许多灵感与鼓励"。

"我相信，克林顿总统刚刚发表的讲话充满了历史意义，因为它标志着女性的才能，即社会中至少一半才能的来源，只能在社会职业顶层中昙花一现的日子已经结束了。"金斯伯格说。

"我最后想感谢我的母亲西莉亚·阿姆斯特·巴德。"她说，"她是我认识的最勇敢坚强的人，不幸的是，她很早就离开了我。如果她生活在一个女性也可以追求事业与成功、女儿也像儿子一样被珍惜的年代中，她一定会成就大事业。我祈祷，我能做到和她一样。"

　　熟知金斯伯格的人们从未见过她如此不设心防地表达自己的情感。金斯伯格讲到自己的母亲时，比尔·克林顿从脸颊上擦去了一滴泪水。金斯伯格不仅在整个美国面前延续了自己对母亲的记忆，她甚至还帮助了一位男人反抗了男儿有泪不轻弹的性别刻板印象。

对女权主义激进的理解

———

二十世纪七十年代，金斯伯格曾应征过联邦地方法院[1]的法官职位。审查委员会说金斯伯格不够格，因为她没有金融证券方面的法律经验。"我想知道他们又有多少性别歧视问题方面的法律经验。"金斯伯格之后对自己的法律记者朋友妮娜·托特博格抱怨说。

不过金斯伯格也不怎么想做地方法院的法官，因为地方法院是所有联邦案件诉讼的第一步，主要作用在于确认事实证据。她对联邦上诉法院审理的具有普遍意义的法律问题更感兴趣。每年，大约会有一万个案件向最高法院提起上诉，但最高法院只会挑选其中大约七十五个进行审查。因此，一般而言，联邦上诉法院的法官们对各种法律问题拥有最终解释权。一直以来，想要成为上诉法官的关键在于认识对的人，以及在竞选中支持对的一方。但即便在跨过了这个关卡之后，男性律师之间的关系网依然阻碍着女性成为上诉法官的可能性。正因为这样，直到吉米·卡特成为总统的 1977 年，所有联邦上诉法官中只有一位女性也就不足为奇了。

卡特政府决心改变这一现状。女权律师们急切地想要为此做出贡献，于是他们建立了一个新组织，专门考察法官候选人是否愿意为平权事业做出努力。这样一来，金斯伯格忽然之间就认识了那个可能可以让她成

---

[1] 即 federal district court，联邦司法系统中最基层的地方法院。

为上诉法官的关键人物，她叫林恩·赫克特·斯查弗然，是该考察机构的主席，她曾是金斯伯格在哥大的学生，后来又做过美国民权同盟的实习生。

金斯伯格在应征位于纽约的第二巡回法院和华盛顿巡回法院的法官职位时，她知道自己的女权工作背景可能会对她不利。在一份写给自己的题为"第二巡回法院面试记录"的备忘录中，有整整一页是关于要如何应对针对她"个人经历而造成的偏见"的质疑。金斯伯格还准备了一张清单罗列自己所有的优秀品质，在这些品质中，金斯伯格没有把重点放在自己是一位极其出色的诉讼律师这一点上，也没有着重讲自己天才般的法律策略或是自己的各种成就，而是把重点放在了她"持久工作的能力上——她习惯于长时间工作，下班回家后也会继续工作，每天必须把当天的工作做完，不论做到多晚"。金斯伯格还冷静地指出了她"对于工作成果的高要求"（"我对自己有着最严酷的批评和要求"），并在清单的末尾写上了她是"优秀的（即懂得共情的）倾听者"。总的来说，金斯伯格写道："我非常希望你们可以根据我的个人品质来对我做出评价，而不是根据我的性别，或是根据那些无法客观评价我的表现和潜能的人的观点。"引用莎拉·格里姆凯的话来说，金斯伯格只希望审查委员会可以给她以基本的尊重。

金斯伯格没能成为第二巡回法院的法官，显然是因为她同时申请了两个上诉法院的法官职位，尽管她先前被告知这并无不妥。金斯伯格当时的信件中透露出她对此的失望之情。"一些地区的法院系统中采用的

'功绩制度'看似在发挥作用（但也许实际上并没有），有些人正在对此提出质疑，我很受他们的鼓舞。"金斯伯格 1979 年 3 月在给女权律师戴安·布朗克的信中写道。那些曾受教于金斯伯格或钦佩她的女律师开始团结到了她的周围，她们中至少有一位在卡特政府中任职。

"如果鲁思不能成为上诉法院的法官，大量女律师会觉得女性律师数量上的增长以及女权运动的进步都是徒劳无益的，毫不夸张地说，这种情绪非常浓烈。"联邦总检察长助理芭芭拉·巴布科克在 3 月 12 日给总检察长格里芬·贝尔的信中写道，"如果金斯伯格不能成为上诉法官，这将被认为是对女权运动的严重羞辱，全美没有任何一位女性比她更够格。金斯伯格完全符合成为上诉法官的要求。"巴布科克给金斯伯格寄去了这封信的复印件。不到一个月，参议院司法委员会就听说了金斯伯格的大名。

正如金斯伯格所料，很快就有人拿着她曾为女性权益抗争的事实来对她进行攻击。俄亥俄州的保守派议员约翰·阿什布鲁克抱怨说金斯伯格"对女权主义有着非常激进的理解"。金斯伯格在给她的法学教授赫伯特·韦克斯勒的信中写道，阿什布鲁克的评论"严重歪曲了我的观点、言论和文章，但是我怀疑

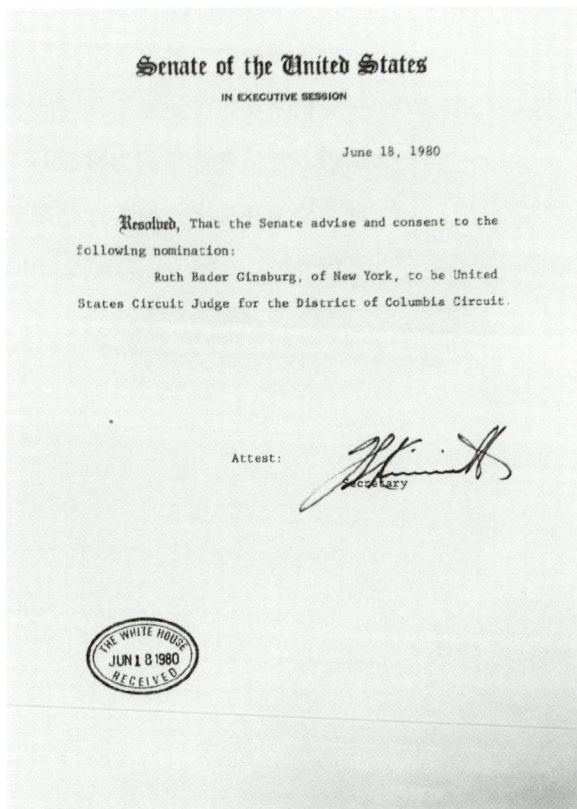

他可能根本不在乎我到底说过或写过哪些话"。幸运的是，阿什布鲁克作为众议院的成员，没有权力投票决定是否任命金斯伯格。1979 年 5 月，妮娜·托特博格在《法律时报》上发文支持金斯伯格。"司法委员会上的保守派成员们一直拖延，至今还未确定举行任职听证会的时间。"托特博格写道，"如此拖延的原因是这次的被提名人是一个女人。哪怕这个女人曾是女性运动法律策略的幕后策划者。"

但在最后，在司法委员会对任命金斯伯格的投票中，只有声名狼藉的种族隔离主义者斯特罗姆·瑟蒙德参议员投了反对票。1980 年 6 月 18 日，在参议院全体会议中，金斯伯格全票通过，正式被任命为联邦上诉法院法官。她没有忘记那些帮助她走到这一步的学生和女权律师。金斯伯格在哥伦比亚法学院的学生戴安·齐默尔曼还记得金斯伯格被任命后，教员和学生们为她举办了一个充满欢乐的庆祝聚会。聚会上，金斯伯格坐在地上，抱着肯德基全家桶，一边吃着炸鸡，一边咯咯地笑个不停。

女人们反对她

————

在金斯伯格正式宣誓成为上诉法官之后举行了另一个正式的庆祝聚会。杰拉尔德·冈瑟，那位不惜勒索法官也要为金斯伯格找到一份法官助理职位的哥伦比亚法学院教授，受邀在聚会上演讲。冈瑟是著名法官勒恩德·汉德[1]传记的作者，他告诉在场的人们，金斯伯格会成为一位和汉德一样的法官，"真正思想开明、不存偏见"，并且会"密切关注自己因个人经历的局限而可能造成的思维限制"。奇怪，保守派和自由派心里都偷偷这样想，会意地用手肘捅捅身边的人，美国民权同盟的荣誉会员怎么可能会成为中立派的法官？

冈瑟和这些怀疑者打了一个赌，赌注五美元，他赌在几年之后，金斯伯格会"被广泛认为是最高法院大法官席上最独立开明、深思熟虑、谦逊节制的一位"。几年之后，冈瑟收到了一封夹着五美元的信，随信还附有一则从《华盛顿邮报》上剪下来的报道，这篇报道把金斯伯格描述成了一位可靠的中间派。

金斯伯格是在卡特总统任期的最后一刻才被任命为华盛顿巡回法院的法官。在她上任一年之后，她就发现自己现在的工作距离女权主义的法律世界已经很远了。卡特总统之后的里根总统和布什总统在华盛顿巡回法院中任命了多名坚定的保守派法官，包括安托尼·斯卡利亚、肯尼

————

[1] Learned Hand，美国著名法学家，也是历史上被美国最高法院意见书引用最多次的学者。

斯·斯塔尔、罗伯特·博克和克拉伦斯·托马斯。金斯伯格所在上诉法庭的主要职责是监管联邦机构，她的工作通常非常琐碎无聊，马丁曾开玩笑说金斯伯格处理的绝大多数案件都跟联邦能源监管委员会有关。但是，华盛顿巡回法院常被称为是美国第二重要的法院，而且毫无疑问是通往最高法院的最佳道路。

但金斯伯格的新头衔并没有改变她的一些"恶习"。在哈佛法学院毕业生二十周年的同学会上，有人想要让"这一届的全体同学偕妻子"一起拍张合照。"你说'妻子'是什么意思？"金斯伯格质问道。而金斯伯格夫妇参加鸡尾酒会时，每当主人向别人介绍"金斯伯格法官"时，那个人一般都会向马丁伸出手去。

二十世纪八十年代，金斯伯格在华盛顿巡回法院的一些法官助理甚至都忘了她曾经在女性权利诉讼中声名显赫。

"她一般被认为不是'代表女性的法官'，更不是'政治观点明确'的法官，而就是一位很有法官样子的法官。"金斯伯格的两位前法官助理大卫和苏珊·威廉姆斯后来写道，就好像做"代表女性的法官"是什么见不得人的事情一样。金斯伯格认为自己作为上诉法院法官的角色和从前工作的角色有着本质的区别；作为法官，她需要遵循判例，而非试图改变它们。而且，在这个大多数决定都由三位法官组成的合议庭共同决定的法院中，金斯伯格确立了自己寻求合作的原则。

"我不认为自己是什么伟大的异议者，我更倾向于换位思考，哪怕这意味着一定程度的妥协。"金斯伯格在1985年的一次法官圆桌会议中说。"当然，我也有一些不可妥协的基本原则。"她补充道，但是她"一直关注着各种人性格的特点，并从中学到了许多。在成为法官之后，我更多注意到人们的不同性格对其观点所产生的影响。"金斯伯格甚至尝试说服她的法官同事们在一致同意的判决书中署上所有法官的名字以示整个法院的意见一致。不过其他法官都不怎么喜欢这个主意。

人们彻底确认金斯伯格作为中间派的形象是在她的一次演讲之后。1993年3月，金斯伯格在纽约大学发表了被称为"麦迪逊演讲"的讲话，当时台下的听众中有许多是她住在纽约时的老友。金斯伯格在演讲中说，涵盖范围过广的法院判决只会适得其反，必须先靠民间运动和立法机构引起社会变革，然后法院才能改变判例，否则法院过早插手干预只会起到完全相反的效果。为了举例说明，金斯伯格选择了一个对许多听众来说都有着私人意义的案子："罗伊诉韦德案"。

过去的几十年间，保守派一直想要推翻"罗伊案"，而且就在金斯伯格发表"麦迪逊演讲"之前的几个月，他们差点就在"计划生育联合会诉凯西案"中赢得胜利。幸好安东尼·肯尼迪、大卫·苏特和桑德拉·戴·欧康纳三位大法官从中斡旋达成了妥协，最高法院最终判决州政府可以对堕胎进行限制，只要这些限制不对女性造成"过度负担"，也不在胎儿离开母体可存活的时间点前完全禁止堕胎。保守派和自由派对这一结果都不甚满意，但至少"罗伊案"的判决暂时没有被推翻。就在女权主义者们好不容易松了一口气时，金斯伯格却宣称问题的源头正是"罗伊案"的理论本身。

金斯伯格说，最高法院当时不应仓促做

出影响如此广泛的决定，而应该遵循之前在陪审员制度和政府福利制度问题中所采用的诉讼路径，即逐步推翻各个州的法律。如果当时采取了循序渐进的方式，大法官们很有可能被说服建立起一个女性平等的法律框架，其中就可以包括生育自由。金斯伯格说，"罗伊案"判定在胎儿离开母体可以独立存活的这个时间点前，任何限制堕胎的法律都是违宪的，然而，这个大胆的判决实际上"中止了一个正在向着正确变革方向前进的政治进程，而且我相信正是因为如此才拖延了社会对堕胎问题的理性分析，最终推迟了该问题得到妥善的解决"。

金斯伯格的这个分析在历史学界至今仍有争议，一些历史学家认为在"罗伊案"判决前，推进堕胎权的政治进程就已经停滞不前了。而且，历史记录表明，"罗伊案"判决之后，堕胎问题也并未发生翻天覆地的变化。1975年，"罗伊案"判决书下达的两年之后，候选大法官约翰·保罗·史蒂文斯的就职听证会上，没有任何一位参议员问了他有关堕胎权的问题。但一些曾支持堕胎合法化的共和党成员很快发现，让共和党成为一个反对堕胎的党派有利可图。而且，即便最高法院当时选择了一条不同的道路，在通往达成女性性解放和性自主权的路上可能依然阻碍重重。但金斯伯格坚持自己的观点，她坚定地认为只有逐步发生的改变才是可持续的。

对那些听了金斯伯格"麦迪逊演讲"的女权主义者和律师来说，她的观点像是对女权运动的背叛。演讲之后的晚宴上，伯特·纽伯恩回忆道，一些女权主义者激烈地质问了她们的老朋友。"她们担心，'罗伊案'中确立的法律原则本就已岌岌可危，而鲁思这样的言论会导致'罗伊案'被推翻。"不久之后，当纽约参议员丹尼尔·帕特里克·莫伊尼汉向克林顿总统建议提名金斯伯格成为最高法院大法官时，克林顿的答复是，"女人们反对她"。但最终，欧文·格里斯沃尔德在一次演讲中将金斯伯格比作了瑟古德·马歇尔，正是这次演讲让克林顿改变了自己对金斯伯格的看法。因为格里斯沃尔德做的这件事，金斯伯格几乎原谅了他之前做的所有事。

有能力对人生选择完全负起责任的成年人

———

在克林顿提名金斯伯格成为最高法院大法官的消息泄露之后，媒体急切地想要调查清楚金斯伯格到底是什么样的人。她是激进女权主义者吗？如果是的话，那要怎么解释她在华盛顿巡回法院中令人困惑的审判记录？1998年，《法律时报》做的一次调查中发现，当金斯伯格与著名的保守派法官罗伯特·博克共同审判时，有百分之八十五的案件中她都与博克意见一致，而只有百分之三十八的案件中她与另一位由卡特总统提名的自由派法官意见一致。六年前，自由派人士还成功阻止了罗纳德·里根总统提名博克成为最高法院大法官。（参议员泰德·肯尼迪在参议院演讲时警告听众："罗伯特·博克如果成为最高法院大法官，美国女性会被强迫在穷街陋巷堕胎"，"吃午饭时黑人则会被要求隔离开来"，以及很多其他听起来像是恐怖故事一样的有关博克的传说。）

《商业周刊》上刊登的一篇文章中，一位华盛顿律师说金斯伯格"对商业化美国没什么敌意"，这大概也算是对读者们的些许安慰。《芝加哥论坛报》专栏作家克拉伦斯·佩琪撰文发问："鲁思·巴德·金斯伯格到底是下一位瑟古德·马歇尔还是下一位克拉伦斯·托马斯[1]？"但

---

[1] 这两位均为最高法院大法官，而且是历史上仅有的两位黑人大法官，但他们的政治观点完全背道而驰。马歇尔是美国黑人民权运动英雄，而托马斯则是现在最高法院大法官中政治观点最为保守的大法官之一。

他也承认，金斯伯格总的来说算是位"温柔的女士"。曾与布雷耶大法官一起授课的哈佛法学院教授艾伦·德肖维茨却持不同意见。他在自己全国发行的专栏中有偏向性地挑选了一部分匿名评论，然后说律师们都觉得金斯伯格是个"挑剔""暴躁""古板女学究作风"[1]的法官。（直到今天也没人想出"古板女学究作风"这个词用来形容男性的同义词是什么。）德肖维茨宣称"包括法官、法官助理和律师在内的同事们都认为金斯伯格'不好相处'，而且正是她的这种性格让同事们都疏远了她"。

把金斯伯格和瑟古德·马歇尔相比，德肖维茨说，是"对我们记忆中英雄形象的玷污"，因为，毕竟金斯伯格也不过是"在女权运动比较时髦且不会影响到自己仕途的情况下，为几个上诉的女权案件辩护了一下而已"。马歇尔在此之前五个月已经去世，所以没法对此进行评论。另一位自由派学术大家，金斯伯格在最高法院诉讼的同盟，已退休的大法官威廉·布伦南则在私底下写信给金斯伯格。"总统选择你非常英明，你是最好的人选。"当时年近九十的布伦南写道。金斯伯格的回信中说："亲爱的比尔[2]，我爱你！请为我祈祷。鲁思。"

接下来的一步是克林顿总统的幕僚认为整个过程中最艰难的一步：让参议院投票确认金斯伯格这个前女权诉讼律师兼美国民权同盟成员成为美国最高法院大法官。"参议院的共和党成员们想要得到总统收到的有关金斯伯格的评论和备忘录。他们是得不到的。"一位克林顿行政官员在一次会议笔记中写道。"传言说白宫里一些堕胎权的狂热支持者建

---

[1] Schoolmarmish，该词一般用来描述古板严肃的女性教师，多用于贬义。而英文中没有相对应可以用来描述古板严肃男性教师的词汇。
[2] 比尔（Bill）是威廉（William）这个名字常见的昵称。

议马丁开展行动以确保金斯伯格支持堕胎权的态度不会被质疑。"在金斯伯格就职听证会的准备中，白宫警告她，在听证会中她可能会被要求对美国民权同盟做过的所有事承担责任，并建议她在回答中与美国民权同盟拉开距离。"我说，'不用再说了，我不会做任何贬低美国民权同盟的事'，"金斯伯格后来说，"所以他们只好放弃了。"

到了七月，在考虑任命金斯伯格的为期四天的参议院听证会中，并没有人问起任何有关美国民权同盟的问题。因为当时的参议院实际上由民主党控制，而且在支持任命博克和托马斯的两场激战之后，共和党人已对斗争感到疲惫不堪。另外，虽然就在两年之前，一位名叫安妮塔·希尔的女性还因为指控托马斯大法官性骚扰而被一整个审判团的白人男性百般刁难，但在这两年中，参议院委员会中新加入了两位女性参议员。

听证会中，整个美国看到的金斯伯格略显疏离、声调平抑，一次只说两三个词语，一个句子中间还带有许多令人困惑的沉默，就好像是在朗读外语文章一样。但金斯伯格以谦虚的态度讲述了许多有关她的家庭的有趣故事，她还展示了一本简的儿子保罗创作的画册，标题是《我的

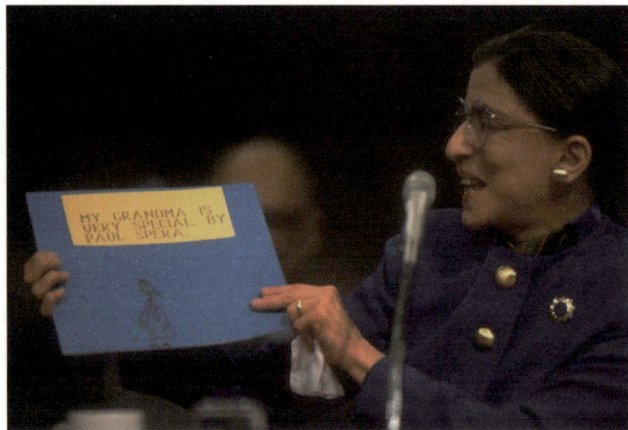

外婆很特别》。司法委员会主席乔·拜登评论道："我告诉你，保罗，你字写得不错，画也很漂亮，你都不需要出版商就可以出书了。"

金斯伯格曾经的客户斯蒂芬·维森菲尔德更是充满感情地代表金斯伯格出席做证。拜登对此评论道，他自己和维森菲尔德一样，是失去了妻子的单亲爸爸。另外，在参议员泰德·肯尼迪的鼓励下，金斯伯格还讲述了她多年经历的各种性别歧视。

斯特罗姆·瑟蒙德确实问了金斯伯格一些有关堕胎的问题：她是否同意"凯西案"中的大法官更关心的是公众的看法而非如何正确运用法律？金斯伯格不卑不亢地回答道："我认为最高法院的所有大法官和所有联邦法官都同意一个原则，即法官必须依照自己理解的正确的法律行事。"

"你很厉害，法官，"拜登咯咯笑着说，"你确实很厉害。"

很多年之后，在谨言慎行的大法官候选人约翰·罗伯茨的就职听证会上，共和党人在被问到尖锐的问题时多次引用了金斯伯格的这个回答。"她说过很多次，'我会尽我最大的能力依据一个案子的事实来运用相应法律'。"金斯伯格的法官助理艾丽莎·克莱因出席了金斯伯格的听证会，她事后回忆道："某些人说这种话可能会被认为是在打官腔。但大家都知道金斯伯格是真心认同自己说的每一个字。"

听证会的最后，几位保守派女性向司法委员会提出了抗议。其中一位女性说金斯伯格已"充分说明了她对于女性特权的忠诚"，显示了"她对女性经受的性别歧视有相当充分的了解，而对男性经受的性别歧视却一无所知"。在被指责为过多保护男性权利那么多年之后，金斯伯格大概会觉得这个评论相当好笑。

金斯伯格拒绝道歉，不管是为她曾在美国民权同盟里做的工作，作

为女权主义者的身份，或是自己对堕胎权的支持。"拥有选择是否怀孕的权利对女性的生活、健康和尊严来说至关重要。"她简洁地说，"这是一个她必须自己做出的决定。当政府控制着她的决定权，她就没有被当作一位有能力为人生选择完全负起责任的成年人来对待。"

最后，在参议院就任命金斯伯格为大法官一事投票时，只有三位参议员投了反对票。

最高法院工作中的美好一天

————

作为新上任的大法官，金斯伯格现在可以自由出入几十年前她作为律师在最高法院辩护时只有九位男性大法官可以出入的房间。她现在是大法官会议的一员了。在大法官会议中，九位现任大法官关上门，畅所欲言自己对案件的真实想法。除了大法官以外，其他任何人都不得进入这个房间——"这个房间里没有秘书、法官助理，甚至连递送消息的人都没有。"金斯伯格这样形容道。任何外界对于这个房间中发生事情的了解都来自大法官们的口述。如果大法官们想要会议记录，也只能自己手写。

口头辩论庭审结束几天后，大法官们会召开会议对案件进行讨论和投票。首席大法官坐在长桌的一头，最资深的普通大法官坐在长桌的另一头。在首席大法官总结完案件后，所有大法官会根据资历长幼依次阐述自己的看法。金斯伯格说，一般来说，会议上不会有太多辩论，尽管外界很多人希望在会议上会发生一位大法官说服另外一位大法官改变想法的情况。但是，"一般来说，我们讨论了几分钟之后，总会有一位大法官说，'反正最后都是要写在意见书里的。'"金斯伯格说。然后首席大法官就会指派一位大法官负责撰写判决书，除非首席大法官是那个案件中的少数派，那么就由多数大法官中年资最长的大法官指派撰写判决书的任务。

金斯伯格作为最高法院大法官写的第一份判决书中充满了令人生畏

的技术细节。在成为大法官三年之后，她终于得到了一个机会来完成自己几十年前开始的事业。二十世纪七十年代，为了让女军官们的工作得到公正的评价与待遇，金斯伯格曾多次代表她们出庭。但为军中女性争取平等权利的事业还未完结。

除此之外，金斯伯格还有一项未竟的事业。在美国民权同盟女权项目工作期间，金斯伯格一直没能成功让最高法院适用最严格标准来审查存在性别区分的政策，如果可以说服最高法院适用该标准，基本上就意味着所有基于性别而区别对待的法律都将不复存在。这一次，作为最高法院大法官的金斯伯格，在一些希望进入州立军事学院学习的女性的帮助下，将完成她这两项未竟的事业。1996年，在有关弗吉尼亚军事学院拒收女性学员一案中，金斯伯格很高兴地发现这一次质疑是由联邦政府提出，联邦政府质疑弗吉尼亚军事学院这个由公共资金支持的学校拒绝招收女性的做法。作为一位曾经时常需要跟联邦政府对着干的诉讼律师来说，这本身就已是胜利。

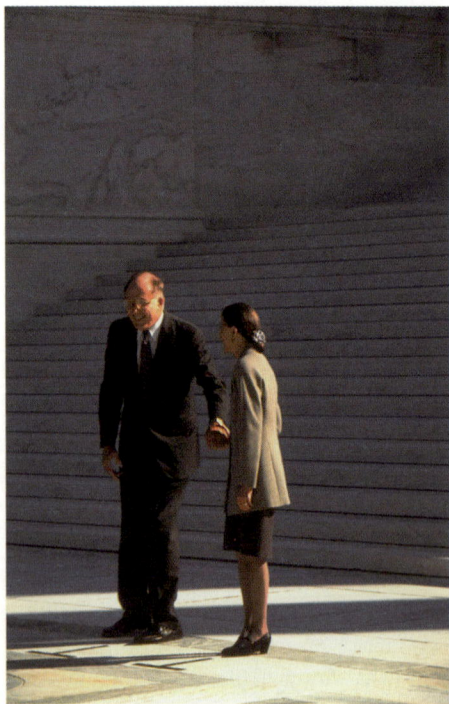

弗吉尼亚军事学院宣称，录取女学员会破坏它的教学目标，因为这个目标包括使用"打击训练的方式"来培养学员，而这种方式不适合用来训练女性学员。在联邦政府对它提出了性别歧视诉讼之后，弗吉尼亚军事学院在姐妹学校设置了一个拙劣的模仿项目，并把它称为"弗吉尼亚女性领导力学院"。

"一个军事学院只招收男性，它传授只有

男人可以学习的'男性'价值观，而且明确表示男性可以经受住严酷训练的打击并获得成功；另一个军事学院则公开、明确并有目的性地被设计成只招收女性学员，并向她们灌输温和的、女性化的价值观。"联邦助理副检察长保罗·本德在庭审口头辩论中说。（这就是那个亲耳听到菲利克斯·弗兰克福特拒绝聘用女性法官助理的保罗·本德。）

金斯伯格对此只补充了一点："如果女性要在生活和军队中成为领导者，男性必须习惯听命于自己的女性上级，但如果女性连军事学院都不能上的话，男性是不可能习惯的。"

在这次的大法官会议上，该案的投票是令人足以欣喜若狂的七比一，其中克拉伦斯·托马斯大法官主动回避，因为他有个儿子在弗吉尼亚军事学院受训，剩下八位大法官中唯一持异议的是斯卡利亚。金斯伯格得到了撰写该案判决书的机会。这是她迄今为止最大的胜利。在这篇判决书中，她甚至可以自豪地引用自己做律师时胜诉的案子，以宣布过去那个迈拉·布拉德韦尔因为女性身份而不能成为律师的坏年代已经彻底过去了。

金斯伯格在"美利坚合众国诉弗吉尼亚案"中的判决书节选

———

正如金斯伯格对女权主义的理解，我们都应当有"自由做自己的权利"。

金斯伯格高兴地引用了她自己设计的成功的法律策略。

1971年的"里德诉里德案"中，女性原告控诉州政府拒绝给予法定平等保护，最高法院历史上第一次在这样的案件中判定原告胜诉。（爱达荷州法律规定，"如果有数人独立申请处理遗产，并对该遗产拥有平等权利，必须优先考虑男性申请者"。"里德案"中最高法院判定该法律违宪。）自"里德案"之后，我院不断重申，**法律或政府政策不得以性别为由妨碍女性享有完全的公民权利，其中包括依照个人才干与能力追求事业、取得成功、参与社会活动并为之做出贡献的权利，否则制定该法律政策的联邦或州政府都将与宪法中平等保护原则的要求相违背。**

尽管我院还未将基于性别的区别对待与基于种族或民族血统的区别对待一视同仁，但在"里德案"之后的各种判例中，**我院对于任何可能妨碍女性（或男性）平等机会的政府行为都进行了严格的审查……**在有关政府基于性别区别对待的问题上，我院现在基本持以下态度：着眼于区别对待以及被剥夺的机会本身，上诉法院必须确定政府对此种区别对待是否有"极具说服力"的正当理由。州政府负有标准十分苛刻的举证责任。它需要证明"（被质疑的）区别对待是为了实现'重要政府目标'，而且'这种区别对待在很大程度上可以促进该重要政府目标的实现'"……政府提出的正当理由必须是真实的，不能为了应诉而在事后虚构。

另外，对男女天赋、能力或喜好不同的宽泛认知不构成正当理由。见**"温伯格诉维森菲尔德案"**（1975 年）；"加利福尼亚州诉戈德法布案"（1977年）（斯蒂芬大法官的赞同意见书）。

……我们逐渐理解了，男女之间"本质的不同"依然是值得庆祝的事实，但这并不能成为人为限制某一性别享有平等机会的借口。 对性别的区别对待可以被用来补偿女性"因某些特定原因而遭受的经济不公"，用来**"鼓励平等就业机会，或是鼓励我国所有人民充分发挥其天赋和才能"**。但这种区分对待不能像从前那样，见**"戈伊赛特案"**，被用来制造或维持女性在法律、社会或经济上的低等地位。

……我们得出的结论是，弗吉尼亚州政府没能证明其不允许女性在弗吉尼亚军事学院中参与公民军队培训的政策存在**"极度具有说服力的正当理由"**……

金斯伯格引用了单亲爸爸斯蒂芬·维森菲尔德在最高法院中的诉讼，这是她最喜欢的案件。

这可能是一个对于怀孕的评论。最高法院还未把怀孕看作是性别歧视的表现。

金斯伯格一直固执地区分两种法律：一种是为了纠正历史中歧视并帮助被歧视的群体，另一种则是延续这种历史遗留的歧视。

在这个案子里，最高法院判定女性由于本性脆弱，所以不能在酒吧中担任调酒师，除非这个酒吧归她的丈夫或父亲所有。

金斯伯格在这里为区别对待两种性别建立了一个新的法律标准，基本上完成了她从二十世纪七十年代就开始了的工作。

　　我国宪法发展历史中一个重要部分……是把宪法权利延伸到那些曾经被忽视或被排除在外的人身上。**弗吉尼亚军事学院的案例进一步阐述了我们对于"我们人民"意义外延的理解。**

　　在斯卡利亚的异议意见书中，他说多数大法官在判决书中偷偷加进了对性别歧视进行严格审查的原则。但在这个案子中，什么样的评论都破坏不了金斯伯格的好心情。"我认为，从二十世纪七十年代以来的一系列案件都在逐渐建立起一个原则，即女性可以不受人为限制地去追求事业与成功，而'弗吉尼亚军事学院案'则让这一系列案件到达了胜利的顶点。"她说。金斯伯格把她在大法官席上宣读的判决书寄给了已九十高龄的布伦南前大法官。布伦南大法官曾在"弗朗蒂罗案"中试图帮助金斯伯格得到五票赞同，以建立新的法律框架，用最严格标准来审查法律中基于性别的区别对待。金斯伯格在信中写道，"亲爱的比尔，你曾经点燃的星星之火已经燎原！"

　　金斯伯格在大法官席上宣读这篇判决书的那一天，五六位法官助理被邀请到大法官办公室中去庆祝。庆祝中没有香槟，只有一位欢欣鼓舞的大法官。"这是最高法院取得的成就，"当时在场的前法官助理大卫·托斯卡诺说，"那是在最高法院工作中美好的一天。"

　　不久之后，金斯伯格收到了一封来自弗吉尼亚军事学院 1967 届毕业生的信。信的作者说他对判决感到很高兴，因为他就认识一些坚强到可以撑过整个训练的年轻女性。他甚至希望自己十几岁的女儿以后可以考虑去上弗吉尼亚军事学院。几个月之后，他又给金斯伯格寄了一封更厚的信，信封里装着一个包裹得严严实实的小东西。那是一个挂着小锡兵雕像的胸章，这枚胸章是作者的母亲在弗吉尼亚军事学院毕业典礼上得到的。他的母亲刚刚去世了。他觉得母亲会希望金斯伯格拥有这枚胸章。

Real Love

异 见 时 刻

Chapter

6

真　爱

"我一直支持我的妻子，她对我也一样。这不是牺牲，这是家庭的意义。"

　　——马丁·金斯伯格，于 1993 年

　　马丁从前常讲这个故事：金斯伯格在"布什诉戈尔案"中发表了她作为最高法院大法官的第一个异议意见之后，他俩一起去百老汇看一场叫《证明》的戏。中场休息时，金斯伯格因为自己标志性的发圈而被其他观众认了出来。观众全体起立，剧场中掌声雷动。金斯伯格忍不住一直微笑。

　　马丁虽身为税法教授，但非常爱开玩笑，他这时假装耳语地大声说："我打赌你们不知道城里正在开税法律师大会。"金斯伯格嗔怒地捶了一下丈夫的肚子。

　　每当马丁在公共场合讲这个故事时，他都会说这个瞬间"充分展现了我们俩在持续了近五十年的幸福婚姻中的相处模式"。这个故事不仅展现了人们对于金斯伯格坚持信仰的钦佩；也充分展现了马丁性格的特点——他不抢风头、风趣幽默；他是缄默严肃的金斯伯格的反面；而且，只有在他面前，金斯伯格才会表现出自己性格的另一面。

　　法官助理大卫·托斯卡诺曾在大法官办公室中亲眼看见了令人难以置信的一幕：金斯伯格大法官拿着剪刀嬉闹地追着马丁绕着办公桌飞跑

（她这么做的原因已不得而知）。马丁会当众亲昵地取笑金斯伯格——关于最高法院大法官们都对税法一窍不通，关于金斯伯格最爱的零食居然是李子干，关于金斯伯格有时会假装生气。在马丁工作律所官方网站的简历中，他被描述为"学习成绩很差的高尔夫球队成员"——这个描述肯定是马丁自己写的。马丁常穿短袖衬衫和旧高尔夫球衫，有时在办公室里也不例外。他告诉所有人自己的妻子曾是《哈佛法律评论》的编辑，但他却没被选上。

马丁标志性的咧嘴笑看起来温柔又顽皮，他常戏谑地把自己描述为搭上了人生顺风车的幸运男人。当他的妻子在华盛顿找到了"一份好工作"时，他也跟着搬到了美国的首都。他每次都能把这个故事讲得滑稽得很。金斯伯格的前法官助理玛格·施伦格说，金斯伯格和马丁的关系绝非成功男人和以丈夫事业为中心的妻子的关系，相反，金斯伯格夫妇的"相处模式以平等作为基础。在各自的领域，他俩都是绝对的巨星"。马丁在税法领域的名气为他赢得了像罗斯·佩罗特[1]这样的客户，同事们的赞誉，以及每年几百万美元的收入。

每当被问到她是如何把婚姻经营得如此成功时，金斯伯格常回答说那是因为马丁是个非常好的人，而他觉得她也是。"他觉得我肯定还不错，"金斯伯格说，"不然他为什么会决定和我共度一生呢？"

晚年的马丁变得稍微正经严肃了一些。妮娜·托特博格说，马丁曾告诉过一个朋友："我认为我做的所有事中最重要的一件就是帮助鲁思成就了她现在的事业。"

[1] Ross Perot, 成功商人，曾在 1992 年参加美国总统竞选。

人生伴侣

––––

　　在金斯伯格的确认听证会上，她向美国人民介绍马丁时说他是她的"人生伴侣"，她从二十世纪七十年代开始就一直用这个词来形容他。听证会期间的每一天，马丁都会拎着金斯伯格的公文包走进参议院听证室，帮她把文件在桌子上摊开。斯蒂芬·维森菲尔德在他的证词中说，他和他夫人，就像金斯伯格夫妇一样，是"异于传统家庭生活方式的开拓者"。

　　可在外界看来，金斯伯格夫妇一点也不"异于传统"。在纽约时，他们的家位于曼哈顿最富裕的上东区，他们的孩子就读的是只有纽约上流社会的孩子才能就读的私立学校——著名的道尔顿学校和布兰蕾学校[1]。马丁曾讽刺自己的工作是"专注保护富人的权益不受穷人和下等人的侵害，因为富人们富得理所当然"。周末的时候，金斯伯格夫妇的休闲活动是打高尔夫球。

　　但金斯伯格希望世界是一个男女都不受性别成见限制、充分参与家庭和工作的地方，

[1] The Dalton School，位于纽约曼哈顿，是全美当前最负盛名的学校，采取男女同校从幼儿园到高三十三年一贯制的教育体制。布兰蕾则是另外一所相似的著名女校。

她自己持久的婚姻就是最好的例证。当整个世界都在对她说"不"的时候，是她的婚姻支撑她走下去。"幸运的是，在我的婚姻中，我不会受到二等公民的待遇。"她说。

维森菲尔德所说的"异于传统"和金斯伯格所说的"人生伴侣"含义相同。他们都认为，婚姻不应让女性失去独立与个性，相反，夫妻应平等地与对方分享自己的生活和人生目标。这样的婚姻并不多见，特别是在二十世纪五十年代成长起来的那一代人中。

伯特·纽伯恩比马丁小大约十岁，但和马丁一样，他的妻子也是女权律师。他记得自己曾告诉马丁他在很努力地模仿他对女性的态度。"要表扬马丁太难了。他根本不愿接受表扬。他要么显得毫不在意，要么就把表扬变成一个玩笑。他当时说，'你可别把这个也怪在我头上'。我说，'马丁，这是一个新的时代，我们都需要可以模仿的榜样。'"

1993 年，《纽约时报》报道了马丁在金斯伯格大法官提名中扮演的不寻常的积极角色，以及十多年前他因为金斯伯格要就任华盛顿巡回法官而陪着她举家从纽约搬到了华盛顿。马丁觉得这些事没什么大不了的。"我一直支持我的妻子，"他说，"她对我也一样。这不是牺牲，这是家庭的意义。"

相反，当金斯伯格为了马丁的事业而离开哈佛法学院时，却没有任何人对此表示惊讶。但金斯伯格认为这只是夫妻之间的互相体谅。"在婚姻中，两人都需要做出一些妥协，"金斯伯格告诉我，"所以，举个例子，马丁希望能在纽约律所中花五年时间成为合伙人，那么在那段时间里，我就主要负责照顾家庭和孩子。"

在华盛顿，自从金斯伯格开车撞上了一扇门后，马丁就开始每天接送她上下班，直到她成了由政府配备专车司机的最高法院大法官为止。马丁平时阅读大量的书，并从中挑选出一些值得金斯伯格在工作之余一读的书给她。金斯伯格不善交际，但在各种聚会上，马丁总能鼓励她微笑着与各种人交谈。

马丁经常需要生拉硬拽地让金斯伯格离开办公室休息一会儿。她经常保证马上下班却迟迟不走，这种时候马丁就会唱起吉尔博特与苏利文创作的音乐剧《潘占斯的海盗》中的一句台词："是啊，但你并不走。"有一次，金斯伯格被问到马丁是否会给她任何建议，她说他的建议一般就是让她回家吃晚饭——马丁七点半开始打电话催她回家，但差不多九点她才会走——而当金斯伯格熬夜工作时，马丁会建议她去睡觉。

"好吧，这个建议其实挺好的啊，"坐在她身边的马丁插嘴说，"人一天总要吃一顿饭，偶尔睡点觉吧。"

金斯伯格含情脉脉地看了马丁一眼，继续说："我的一生中，马丁给我最重要的建议是他永远都在让我相信我没有自己想的那么糟糕。一开始时我其实很没有自信。我能写好这个辩护状吗？我能做好这个口头辩论吗？但我现在不一样了。我现在可以直视我的同事并告诉他们，'这个任务很难，但是我做得不会比任何人差'。"

最高大厨

————

　　现在回想起来，马丁和金斯伯格觉得他们在结婚之后马上被派去俄克拉何马州军队服役是一件很幸运的事。那两年时间他们远离了曾经熟悉的一切，马丁说，正是这种陌生的环境让他们俩有机会"充分了解彼此并开始学习如何一起生活"。

　　在俄克拉何马州，他们人生中第一次有了很多空闲的时间。"不夸张地说，我当时每星期大约只需要专注地工作四个小时，"马丁曾这样调侃自己的军营生活。"所以我不如帮着家里干点活。"但这并不意味着所有家务都严格平均分配，而是两个人分别做"各自更擅长，更喜欢，或者不那么讨厌的家务"。

　　实际上，马丁确实学会了一项新技能。这个故事开始于一个金枪鱼砂锅，至少是一个被金斯伯格称为金枪鱼砂锅的东西。当时新婚的金斯伯格夫妇住在锡尔堡，一天晚上，金斯伯格尽职地端上了一锅菜。毕竟，做饭是她作为妻子的职责之一。马丁瞟了一眼这一大锅煮得乱七八糟的食物，问道："这是什么来着？"尝过了这道菜之后，他就开始自学烹饪了。

　　他们结婚时，金斯伯格的表兄弟理查德送了他们一本《艾斯可菲食谱》。艾斯可菲是一位传奇法国大厨，他在巴黎丽兹酒店和伦敦萨沃伊酒店这样超豪华的酒店中都声名显赫。当时金斯伯格这对年轻的夫妇驻扎在俄克拉何马州的军事基地里，工作的同时还需要照顾年幼的女儿，艾斯可菲大厨的豪华食谱可算不上是适合他们的家常菜。但马丁觉得自己以前学过的化学知识很有用，于是他开始尝试烹饪书中的菜式。

但是，之后的好多年，金斯伯格依然承担着主要的做饭任务。不过，她全部的做饭技能就是解冻冰冻蔬菜和肉类，然后把它们都煮熟。"我会做七样菜，"金斯伯格说，"每当我做完一轮就重新开始做第一样。"简觉得直到她十四岁那年暑假去法国之前她可能都没有见过新鲜蔬菜。金斯伯格说，大约就是在那个时候简决定，"我妈应该被逐出厨房"。金斯伯格最后一次做饭是在 1980 年。

简说，家里家务的分工后来就基本上变成了"我妈思考吃什么，然后我爸把它做出来"。詹姆士说，在他成长的过程中，虽然父母都在做着很有趣的工作，但人们总是只问他父亲是干什么的，他后来才慢慢习惯了这一点。

金斯伯格夫妇在华盛顿公寓的客厅里有三个从地板到天花板都摆满了书的巨大书架，上面放的烹饪书比税法书还多。马丁会像读悬疑小说一样来阅读这些烹饪书。"我恨马丁·金斯伯格，"金斯伯格夫妇的朋友威尔金斯·罗杰曾在一次会议上说，"不是因为在我们这座万事瞬息万变的城市里，他和一位完美女性的热烈爱情居然持续了一辈子，而是因为马丁会做饭。"在他家里，威尔金斯说，他经常会被质问："你为什么不能和马丁一样？"他们的另一位朋友开玩笑说，马丁的食谱是"美国税务法的可食用版本"。

在马丁的照顾下，金斯伯格吃得很好。金斯伯格吃饭很慢，马丁曾开玩笑说幸好比尔·克林顿没有像当时邀请斯蒂芬·布雷耶大法官一样在白宫邀请金斯伯格吃午饭，不然他们现在都还没吃完。

简的妈妈要工作

一直以来，金斯伯格都知道怀孕是导致女性受到不公平待遇的重要原因，而成为母亲之后养育孩子的重担则会进一步加重该问题。"对大多数女人来说，孩子出生之后生活就会变得非常艰难。"她说，"男人会平等地承担做父母的责任，不仅享受孩子带来的欢乐，也分担养育他们的负担吗？我憧憬的世界中，每个孩子都有两位慈爱的父母共同承担养育责任。"

金斯伯格的朋友们说，金斯伯格家大部分时候就是这样的，特别是简还小的时候。当时金斯伯格一家住在俄克拉何马州，马丁读到书上说孩子一岁之前是人格形成的关键期，于是他开始全身心投入照顾简中去。他不仅经常弹奏古典音乐给她听，而且还全权负责凌晨两点起来给她喂奶，因为比起金斯伯格，他更容易在半夜被吵醒后重新入睡。

但搬去纽约后生活发生了很多改变。简在布兰蕾学校就读时，她同学的妈妈告诉女儿要对简特别友善，因为，她怜悯地说，"简的妈妈要工作"。当时马丁正在威嘉律师事务所中发展事业，必须为这份工作投入巨大的精力和时间。的确，金斯伯格夫妇都同意除非单位里有很紧急的事，他们俩都必须在七点之前回家吃晚饭，但按金斯伯格的话来说，马丁的律所是出了名的"纽约最大的血汗工厂之一"。不过，虽然马丁很少在律所工作到深夜，"但不知怎么的，他所在的税法部门还是蓬勃地发展了起来"。

然而，律所典型的超长工作时间依然意味着金斯伯格需要担负起双倍的责任，她自己当时也在学术研究和照顾比简小十岁的婴儿詹姆士的双重压力下手忙脚乱。虽然金斯伯格已经习惯了繁忙的生活，但她对丈夫的耐心却与日俱减。据说，在1969年她指责马丁："你儿子已经四岁了，你还一次都没带他去公园玩过。"马丁说，回想当时他确实有些后悔。"但那个时代的情况就是这样。"他说。

这样的状况没有持续很久。当金斯伯格开始在美国民权同盟女权项目工作并在最高法院辩护后，情况发生了改变。道尔顿学校的老师开始经常打电话给她，抱怨当时在上小学的詹姆士又惹了麻烦。詹姆士记得，有一次他违反校规偷偷跑进一台无人看管的老式机械电梯里并让它上升了一层。不幸的是，电梯门打开的时候外面刚好站着学校保安。当学校又一次打电话给金斯伯格的时候，她终于发怒了。

"这个孩子有两位家长。"她严肃地要求学校轮流给她和孩子的父亲打电话。就从这个电话开始，金斯伯格说从那之后学校很少再打来电话，因为老师们不愿意打扰正在工作的马丁，毕竟他是一位重要的商法律师。而詹姆士则认为学校不再打电话了是因为他们震惊于马丁接到电话后的反应，教务主任告诉马丁："你儿子偷（乘）了电梯！""他能把电梯搬多远呢？"马丁回答说。

二十世纪七十年代后期，《工作中的女性律师》一书的作者采访了金斯伯格，书里花了很多笔墨来描写她如何平衡工作与生活。作者埃莉诺·波特·斯威格似乎很希望看到金斯伯格对此感到十分焦虑或因此导致了各种危机。斯威格在书中提到，简曾叛逆地宣布说她要像奶奶伊芙琳那样做一个家庭主妇。斯威格还追问了金斯伯格一个发生在詹姆士身上的骇人意外。当时詹姆士才两岁，管家发现他的时候他正在厉声尖叫，嘴唇上全是下水道污垢溶解剂。金斯伯格生动地描述了自己抱着詹姆士冲到医院去的情形，"他的脸因为深度烧伤而变得扭曲，一圈嘴唇都烧黑了，碱液还在嘴唇上灼烧出了一个小洞"。斯威格想知道："鲁思在如此痛苦的经历中有什么感觉？作为职业母亲，她有没有为自己当时不在詹姆士身边而懊悔万分？换作任何其他母亲，答案都应该是肯定的。"但金斯伯格停下来思考了这个问题。然后说，她觉得自己犯的错误是"不该把下水道溶解剂放在幼儿可以拿得到的地方"。斯威格以不完全赞同的口吻写道："鲁思·巴德·金斯伯格能够以一种相对客观的角度来看待这次意外，这种心态是她成功的一部分原因。"

作为家长，简说金斯伯格有时十分"严厉"。"我小时候经常做错事，每次我做错事我爸会大声责骂我，而我妈一般很平静，但我知道她对我很失望。"简说。金斯伯格每晚都会帮两个孩子检查作业。某个暑假，詹姆士说，金斯伯格要求他每天写一篇文章。两个孩子喜欢逗严肃的妈妈笑，简十几岁的时候，还会在一本叫作《妈咪笑了》的本子中把每次成功逗笑妈妈的经历记录下来。

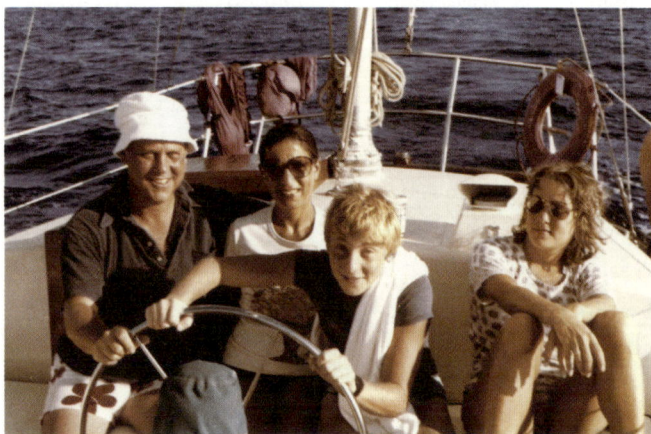

随着年龄渐长，孩子们逐渐理解了母亲工作的意义。简高中毕业时距离金斯伯格成为联邦上诉法官都还有十年之久，但在高中毕业册中"我的抱负"一栏里，简写道："确保妈妈可以成为最高法院大法官。如果必要的话，我会成为总统提名她。"

到了二十世纪七十年代后期，马丁受够了在律所中全职工作的生活，而且他也赚够了钱。之前他就在纽约大学兼职教学了很多年，结束了律所的工作后，马丁开始在哥伦比亚法学院全职教授税法。金斯伯格也曾在哥伦比亚法学院教书（后来简也到了这儿教书，她们是哥伦比亚法学院历史上第一对母女教授组合）。马丁开始在哥伦比亚教书之后一年，卡特总统任命金斯伯格成了华盛顿上诉法院的法官。这意味着马丁需要丢下一切搬去华盛顿。他确实这么做了，重新在位于华盛顿的乔治城法学院找到了教职。

之后多年，经常有人问马丁在纽约和华盛顿之间来回奔波是不是很辛苦。他们从未想过一个男人可能会为了妻子的职业而放弃自己的工作。

第一先生

———

  直到 1981 年，最高法院里只有第一夫人，没有第一先生。历史上，大法官妻子们的职责和总统第一夫人的职责差不多：为《好管家》杂志[1]摆拍照片，坐在最高法院法庭中一块专门预留的区域旁听庭审，每年在最高法院中名为"女士餐厅"的地方参加三次午餐会。当最高法院迎来了第二位女性大法官后，大家终于意识到女性大法官可能不只是昙花一现了。1997 年，"女士餐厅"被重新命名为"娜塔莉·康纳尔·伦奎斯特餐厅"以致敬伦奎斯特首席大法官的亡妻。（这个名字是欧康纳大法官建议的，金斯伯格说当时首席大法官不同意改名，却没能拒绝把餐厅改成这个名字。）

  约翰·欧康纳在欧康纳大法官上任后的前十多年一直是唯一的第一先生。他和马丁常开玩笑说他们是丹尼斯·撒切尔[2]俱乐部成员，马丁说这个俱乐部的成员有一个共同特点，他们都有一位"得到了你内心深处梦寐以求的工作"的妻子。但他马上补充道："不过至少对我来说不是这样。因为我真的很不喜欢工作，而她总是在疯狂工作。现在这样的安排比较符合国家利益。"

  后来，欧康纳大法官在丈夫约翰·欧康纳确诊老年痴呆症之后退休，

[1] *Good Housekeeping*，一份美国著名的内容保守的女性杂志。
[2] 英国前首相撒切尔夫人的丈夫。

马丁成了所有大法官配偶中唯一的男性。

他一点也不在乎，威廉·道格拉斯大法官的遗孀凯思琳·道格拉斯·斯通说。"马丁喜欢自己作为金斯伯格配偶的身份。"斯通在最高法院历史学会出版的《最高大厨》一书中写道。"我还记得去金斯伯格家吃饭，却发现他们家的菜肴居然都是马丁自己做的时候有多惊奇。"她补充道。

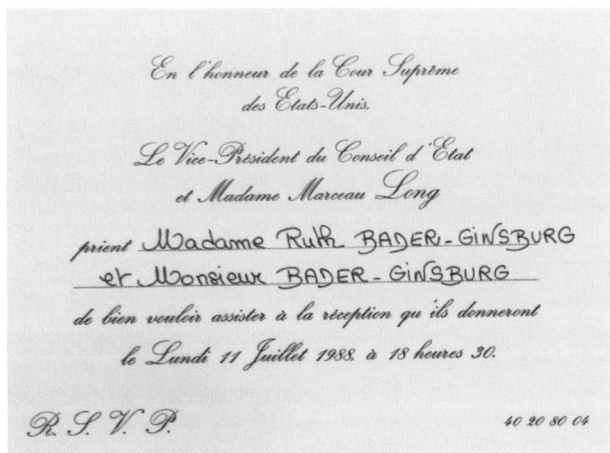

每次有法官助理生日，马丁都会给他们烤一个蛋糕，一般是杏仁味或是巧克力味，偶尔是生姜、柠檬或胡萝卜味。金斯伯格大法官则会给助理写一个简明扼要的便签："今天是你的生日，所以马丁烤了一个蛋糕。"有时马丁带来的自制意大利脆饼太好吃，法官助理们甚至会因此而荒废一整天的工作。

"我一直很敬畏金斯伯格大法官，"金斯伯格的前法官助理凯特·安德里亚说，"但每次看到她有这样一位真心喜欢她并且以平常心对待她的伴侣时，就会觉得跟她更亲近了一些。"另一位名为海瑟·艾略特的法官助理则描写过某天晚上在大法官办公室中发生的一件事，金斯伯格在参加完一个活动后回到办公室中工作，马丁坐在她边上安静地读书。

"我开始向她汇报我的研究成果，这时马丁站起来向我们走来。我开始非常紧张，脑子飞快地转着，'是不是我刚才说的话太愚蠢了？他干吗走过来？！'但他只是走到了金斯伯格身边，帮她摆正不知怎么有点弄歪了的衣领，然后走回去继续读书。我一直都会记得那一瞬间他们之间那种自然的亲密感。"

金斯伯格告诉我："马丁一直都是我最好的朋友。"

马丁在法学院期间抗击癌症以及金斯伯格十年内两次罹患癌症时，他们之间这种不寻常的亲密都从未消失。在那几次磨难之后，他们作为彼此最好的朋友，在没有癌症打扰的宁静中厮守了将近六十年。但是，癌症最终还是回来了。2010 年，医生说马丁的癌细胞转移了。

"如果我对爸爸最初的记忆是他在做饭，"简说，"那我最后的记忆也是。他在最后的日子中已经无法进食了，连简单地站在厨房里都会觉得很疼，他还在为妈妈做饭。因为对他来说，能够在晚餐时和妈妈讨论法律问题，并且确保她吃得健康开心，就是最快乐的事。"

马丁最后一次住院前，他在床边的黄色信笺上给金斯伯格留了一封信。

6/17/10

My dearest Ruth —

You are the only person I have loved in my life, setting aside, a bit, parents and kids and their kids, and I have admired and loved you almost since the day we first met at Cornell some 56 years ago.

nearly 60

What a TReat it has been to watch you progress to the very top of the legal world!!

I will be in JH Medical center until Friday, June 25, I believe, and between then and now I shall think hard on my remaining health and life, and whether on balance the time has come for me to tough it out or to take leave of life because the loss of quality now simply overwhelms. I hope you will support where I come out, but I understand you may not. I will not love you a Jot less.

Marty

2010 年 6 月 17 日

我最亲爱的鲁思，

你是我这一生中唯一爱过的人，如果我们暂且不考虑我们的父母、孩子和孙辈们的话。从五十六年前我们第一次在康奈尔相识的那一天开始，我从未停止过对你的欣赏与爱慕。

见证你一步步走到了法律世界的顶端，我真的很高兴！！

我应该会在医院待到 6 月 25 日星期

五。在这之前，我需要好好想一想关于我已快消失殆尽的健康和我剩下的生命；也好好想一想这次我是要继续努力抗争，还是就此放弃，因为对我来说，癌症已经让我的生活痛苦得难以忍受了。我希望你可以支持我的决定，但是我理解你也许会不同意。不管怎样，我都不会少爱你一丝一毫。

——马丁

6月27日，马丁与世长辞，这时距离他们结婚纪念日和金斯伯格母亲去世的日子不到一星期。当时正临近最高法院审判年度的尾声，这是最高法院一年中最重要的时期，所有重要的案件都将在这段时间里进行判决。马丁逝世后的那一天最高法院照常开庭，金斯伯格在当天要宣判的一个重要案件中撰写了意见书，在这份意见书中她认为公立大学的基督教团体不可以阻拦同性恋学生参加他们的集会。

简和詹姆士说金斯伯格应该去最高法院，毕竟，她从未缺勤一天。"父亲肯定不会希望母亲因为他的去世而错过审判年度的最后几天。"简说。

于是金斯伯格一如往常坐在了大法官席上，那天她很安静，头上戴着深色的发带。当罗伯茨首席大法官朗读向马丁致敬的短文时，斯卡利亚哭了。马丁被葬在了阿灵顿国家公墓。不久之后，金斯伯格办公室的窗台上多了一面折叠好的美国国旗，那是马丁葬礼上用的国旗。

My Team Supreme

异 见 时 刻

Chapter
7

我最好的队友们

> **"她是金斯伯格大法官。我是欧康纳大法官。"**
>
> ——桑德拉·戴·欧康纳，于 1997 年

工作伙伴

———

大法官们入座法官席前的五分钟，蜂鸣器会提示一次。提示音后，大法官们就会聚集到法官衣帽间中举行一个不公开的仪式。房间里摆放着一排用白橡木镶嵌板隔开的衣帽柜，每扇柜门上都装着一块刻有大法官名字的金制名牌，柜子里挂着黑色大法官袍。金斯伯格柜中的架子上还摆着她提前选好的颈饰。

换上了法官袍的大法官们互相握手，然后按资历长幼顺序依次进入法庭。金斯伯格很喜欢这个传统。对她来说，这是她一直珍视的法庭协作精神的体现，也是一种对于"我们在同一条战线上"信念的表达。可是，有人问，如果其他大法官用一篇"辛辣的异议意见书"来对抗她期待协作的愿望呢？那么，最高法院追求公平与正义的理念一定会超越个人的怒气。

很长一段时间里，最高法院中都少了点什么。美国历史上第一位女性大法官桑德拉·戴·欧康纳在其任职的前十二年中一直是最高法院中唯一的女性。在开庭的过程中，她要是想上厕所就只能飞快跑回办公室，因为法官衣帽间附近只有男厕所。金斯伯格加入后，最高法院才终于在衣帽间边建了女厕所。在金斯伯格看来，这是一场胜利，她说这个改变是"女性大法官将在最高法院中一直存在的标志"。

但两位女性大法官的加入并不能消除性别歧视。金斯伯格刚被任命时，美国女性法官联盟送了她几件分别写着"我是桑德拉"和"我是鲁思"的T恤。欧康纳和金斯伯格不论是长相还是声音都完全不像：欧康纳留着雪白短发，操亚利桑那州口音；而金斯伯格则一头黑发、戴着眼镜，说话时有纽约布鲁克林腔。但是，正如其他女性法官根据自己多年经验做出的预测一样，人们经常搞混这两位大法官。

索尼娅·索托马耶尔大法官：2009 年 8 月 8 日由贝拉克·奥巴马总统任命。索托马耶尔刚被提名时曾被指责为顽固不化的性别主义者，当时金斯伯格曾站出来为她争辩。

"说索尼娅是咄咄逼人的提问者——这有什么新鲜的？你们难道没看过斯卡利亚和布雷耶在大法官席上提问时有多咄咄逼人吗？"金斯伯格又补充道，"而且她一定会拥有自己的大法官席位的。"

斯蒂芬·布雷耶大法官：1994 年 8 月 3 日由比尔·克林顿总统任命。2015 年的国情咨文中金斯伯格不小心睡着了，当时布雷耶和肯尼迪大法官试图把她叫醒，金斯伯格说"他和肯尼迪戳了我一下，但戳得不够重。"

克莱因·托马斯大法官：1991 年 10 月由乔治·布什总统任命。托马斯称金斯伯格为好友，并称赞她是"一位极好的法官"，尽管他们的观点大相径庭。法学教授安妮塔·希尔曾在托马斯的就职确认听证会上公开指控其性骚扰。1997 年，有人发现金斯伯格的书架上放着一本希尔所著的《美国的种族、性别与权力》(Race, Gender, and Power in America)

安托宁·斯卡利亚大法官：1986 年 9 月 26 日由罗纳德·里根总统任命。斯卡利亚曾与金斯伯格同在华盛顿巡回法院任职，从那时开始，尽管两人对于宪法哲学有着不同的见解，但金斯伯格会用斯卡利亚的昵称来称呼他，还说"我一直都很喜欢尼诺"。当他们一起旅行时，斯卡利亚是金斯伯格的购物伙伴。斯卡利亚说，"如果你无法跟与自己法律意见迥异的同事成为私人朋友，那你不如换个工作！"

约翰·罗伯茨首席大法官：2005 年 9 月由乔治·布什总统任命。在成为大法官前，罗伯茨就常作为律师在最高法院辩论。他填补了伦奎斯特大法官的空缺，奎斯特现在还常称伦奎斯特为"我的长官"。金斯伯格在 2013 年说，"我认为现任首席大法官非常擅长与人相处，他在各种场合发表的短暂讲话都恰如其分。"金斯伯格说她希望罗伯茨能和伦奎斯特一样逐渐理解那些对她来讲很重要的议题。

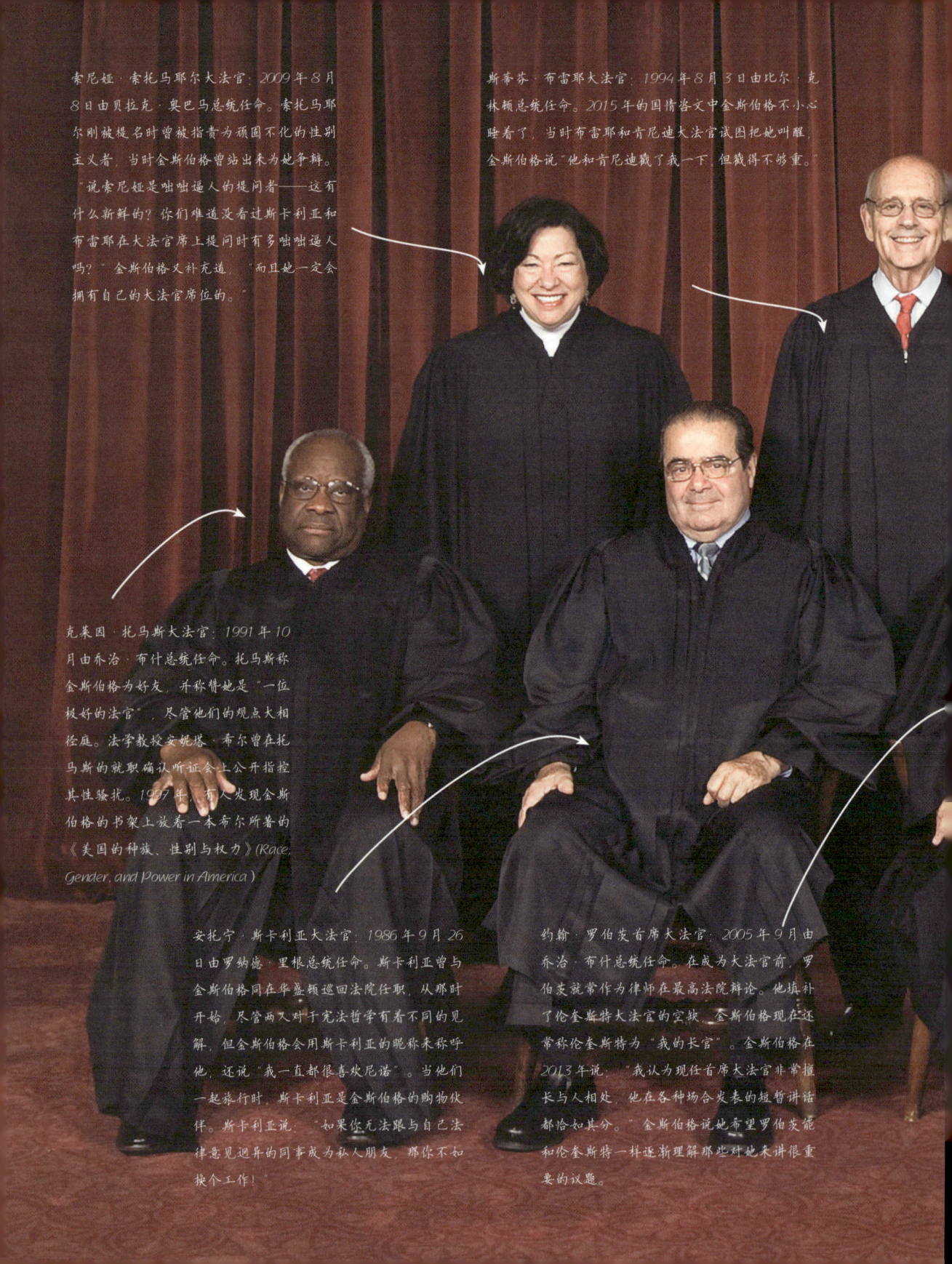

埃琳娜·卡根大法官：2010 年 8 月
7 日由巴拉克·奥巴马总统任命。
卡根在说起自己从哈佛法学院毕业
后申请法官助理职位时的经历常常
会大笑，因为"华盛顿巡回法院里
所有卡特总统任命的自由派法官们
都想雇佣我，除了金斯伯格。她觉
得我不够优秀，甚至连面试的机会
都没给我"。但这并没有妨碍她与
金斯伯格成了很好的朋友，而且现
在共用一位健身教练。

塞缪尔·阿利托大法官：2006 年 1 月 31 日由乔治·布什
总统任命。2015 年，当金斯伯格在宣读一篇针对他撰写的
判决书的异议意见书时，坐在大法官席上的阿利托翻了白
眼还做出了各种表情。"这是很自然的反应，不过如果重
来一遍的话，他大概会克制一下自己的表情。"金斯伯格
大度地表示。但对于极度保守的阿利托替换了中立的欧康
纳一事，金斯伯格则感到很烦恼。"如果欧康纳没走的话，
现在每一次我作为异议大法官五比四输掉的判决，我原本
都可以在多数大法官一方。"金斯伯格在 2015 年说。

安东尼·肯尼迪大法官：1988 年 2 月 18 日
由罗纳德·里根总统任命。肯尼迪也是戏剧
爱好者，他曾和金斯伯格、斯卡利亚一起在
戏剧舞台上客串过。但在法庭里，他曾因为
自己在"冈萨雷斯诉卡哈特案"中撰写的盛
气凌人的判决书而激怒金斯伯格。

这种低级错误有时甚至发生在绝不该犯这种错的律师身上。举例来说，1997年的一次法庭口头辩论中，哈佛法学院教授劳伦斯·特赖布和代联邦副检察长沃尔特·德林杰这两位经常在最高法院开庭的律师竟然都弄混两位女性大法官的名字。最后，坐在大法官席上的欧康纳不得不出言纠正："她是金斯伯格大法官。我是欧康纳大法官。"她的语气很坚决。

当然，要是欧康纳的语气太坚决的话，媒体可能又会找到另外一个理由来大做文章。

"有一次法庭口头辩论中，欧康纳大法官正在向律师提问，"金斯伯格回忆道，"我以为她说完了，所以我就问了一个问题，然后桑德拉说：'稍等一下，我还没说完。'我马上向她道了歉，她说，'没关系，鲁思。其他大法官也经常打断彼此，抢着提问'。之后《今日美国》就发表了一篇文章，标题差不多是'粗鲁的鲁思打断桑德拉说话'。"

金斯伯格称欧康纳为"大姐"。多年以来都是最高法院中唯一女性的欧康纳说，她当时是以"无与伦比的欣喜"迎接金斯伯格的到来。当金斯伯格在为首席大法官指派她撰写的第一篇判决书着急时，是欧康纳鼓励了她。后来，当金斯伯格在大法官席上宣读该判决时，在此案中持异议的欧康纳给她递了一张小字条。"这是你在最高法院中写的第一份意见书，"欧康纳写道，"写得不错，我期待未来看到更多你的杰作。"金斯伯格一直记得那一天欧康纳的小字条给了当时极度紧张的她多少安慰。所以，后来两位女性大法官，索尼娅·索托马耶尔和埃琳娜·卡根，第一次撰写意见书时，金斯伯格也为她们做了同样的事。

欧康纳和金斯伯格经历过同一个时代，在那个时代中，女性必须比男性优秀很多才能得到一个同他们竞争的机会。但是，这大概也是她们之间唯一的相同之处了。欧康纳在成为法官之前是共和党积极分子，她还曾演讲安慰那些因为女性做法官这件事而感到忧心忡忡的男人，她说，不像那些激进女权主义者，她来的时候"穿着文胸而且戴着结婚戒指"。金斯伯格和欧康纳的法律观点也大相径庭。有人做了研究，在她们共同任职大法官的十年间，大法官席上与欧康纳法律观点分歧最大的是约翰·保罗·史蒂文斯，其次就是金斯伯格。但从某种意义上来说，她们之间的分歧也让金斯伯格感到高兴：这些分歧证明了女性也会持有不同观点。而且，不像其他里根总统任命的保守派大法官，在影响女性权益的问题上，欧康纳并不总固执于保守派的观点。在金斯伯格成为大法官的一年前，是欧康纳、肯尼迪和苏特大法官在"计划生育联合会诉凯西案"中斡旋，从而拯救了宪法中的女性堕胎权。每隔一年，金斯伯格和欧康纳都会邀请参议院中的所有女性参加她们举办的晚宴，她们第一次举办这个晚宴时，参议院中还只有六位女性。

而且，她们的家庭也都曾抗争过癌症。欧康纳曾得过乳腺癌，1999年，当金斯伯格罹患直肠癌时，是欧康纳建议她挑星期五去做化疗，因为这样她就可以在周末休息两天，然后星期一重回大法官席。

奇异的友谊

———

　　金斯伯格第一次被诊断出癌症时，她感恩于当时最高法院中其他大法官对她的态度，她认为这是她所珍视的互相尊重、互相协作的法庭精神的体现。"当时所有人都在我身边支持我。"她说。首席大法官伦奎斯特还特意把她叫到自己的办公室，问她需不需要"把工作量减轻一些"，并且让她任选自己喜欢的案子来撰写意见书。（金斯伯格没有减轻工作量，但选择了两个她喜欢的案子。）

　　伦奎斯特在过去的三十年中一直都对金斯伯格的女权主义观点充满怀疑，但在金斯伯格持续的努力下，他最近终于慢慢理解了她的想法。2002年最高法院中有一个案子是"内华达州人力资源部诉希布斯案"，该案子的事实与上一代的"斯蒂芬·维森菲尔德案"很像。该案的原告是一位需要无薪休假照顾病中妻子的男性。这一次，坐在金斯伯格身边的伦奎斯特没有开玩笑。他撰写的判决书中不仅引用了金斯伯格作为律师在最高法院辩论时的言论，而且还引用了她在"弗吉尼亚军事学院案"中撰写的判决书的内容。"男性不需要承担家庭责任的刻板印象同时也会加深女性被认为只需承担家庭责任的刻板印象。"伦奎斯特写道，"正因为雇主们依然认为家庭是女性的主要职责，所以他们才常常不允许男性灵活安排工作，或者打压男性希望休假照顾家庭的意愿。"

　　这篇判决书中充满了金斯伯格对于男女平等的看法，马丁甚至问是不是她为伦奎斯特代笔写的。伦奎斯特的改变大都是受了金斯伯格的影响，但她认为伦奎斯特自己也做了许多努力。伦奎斯特的女儿离婚后，这位首席大法官的生活发生了巨大的改变。他开始提早下班去接孙女放学。"大多数人都不知道伦奎斯特还有这一面。"金斯伯格说。但她知道之后就开始默默在他身边支持着他。

"布什诉戈尔案"判决之后，有一张以金斯伯格为灵感的图片在网上疯传，这大概是最不符合金斯伯格真实面貌的图片了。在这张图中，金斯伯格竖着两个中指，旁边写着"我异议"。金斯伯格从来没有这样做过，也永远不可能这样做。没有人比金斯伯格更懂得坚守谦让的原则，也没有人比金斯伯格更懂得在意见不同时也要保持微笑。最高法院中最著名的奇特友谊就是明证。

这段友谊开始于斯卡利亚发表演讲大声斥责华盛顿巡回法院的某个判决，当时斯卡利亚还是法学教授。但很快，他和金斯伯格就都成了华盛顿巡回法院的法官。尽管温和友善、属于自由派的金斯伯格从一开始就不同意直率易怒、属于保守派的斯卡利亚的观点，"但我对他很是着迷，因为他非常聪明风趣，"金斯伯格说，"你可以不同意他的观点，但你不可能不喜欢他这个人。"等到他们一起在最高法院任职时，斯卡利亚说金斯伯格是"一位聪明、友善、善解人意的女性，拥有所有讨人喜欢的品质"。

一些自由派人士觉得斯卡利亚和金斯伯格之间的友谊有些令人难以接受。"去年12月的一次节日派对上，金斯伯格邀请了她所有的朋友，"金斯伯格刚被提名最高法院大法官时，《时代周刊》在一篇报道中说，"斯卡利亚也去了，当时在场的自由派马上就走到房间的另一侧避开他。"在金斯伯格的就职确认会上，一些民主党人甚至担心金斯伯格已经被斯卡利亚的想法影响了。连金斯伯格和斯卡利亚的法官助理们也对这段友谊感到疑惑。但助理们只在最高法院工作一年，而大法官们却要在一起工作一辈子。不管他们之间有多大的差异，在退休之前，他们都将一直被捆绑在一起。而且，他们俩还都热爱戏剧，金斯伯格又喜欢可以逗她笑的人。两人性格迥异，却成了多年挚友，这样奇异的友谊成了舞台剧《斯卡利亚／金斯伯格》的主题。

多年来，斯卡利亚都和金斯伯格一家一起跨年，他的九个孩子和十多个孙辈偶尔会参加。斯卡利亚有时还会把自己狩猎时得到的猎物带到金斯伯格家。"斯卡利亚打来猎物，然后马丁把它们做成美味佳肴。"同为宾客的布什政府前联邦副检察长西奥多·奥尔森在 2007 年说。"我从未听到过他们谈论任何有关政治或意识形态的话题，因为没有意义。"金斯伯格的孙子保罗·斯佩拉说。（关于这些著名的新年派对，保罗说："当你还是个孩子的时候，那些派对特别无聊，因为大人们不知为何都要西装革履的。"）

金斯伯格的办公室里放着一张她与斯卡利亚的合照，照片里瘦小的金斯伯格和胖嘟嘟的斯卡利亚坐在一头大象背上，那是他们 1994 年去印度旅游时拍的。"那是一头非常美丽优雅的大象。"

金斯伯格说，她的一些"女权主义朋友们"问过她为什么斯卡利亚，一个男人，可以坐在她前面。"因为那样重量分布比较合理。"金斯伯格面无表情地回答道。

但金斯伯格偶尔也会表达一下自己玩笑式的不耐烦。"我爱他，"她有一次谈到斯卡利亚时说，"但有时我会想要掐死他。"金斯伯格对于斯卡利亚的温情并不是对所有保守派大法官都适用的。媒体就从未报道过金斯伯格与塞缪尔·阿利托大法官一起去看戏剧，尽管阿利托有时会参加每年一度金斯伯格组织的莎士比亚剧场模拟演出。阿利托曾是普

林斯顿大学某保守派毕业生团体中的成员，该团体曾公开反对普林斯顿大学招收女性和有色人种。虽然当时引起了巨大争议，但阿利托还是成了最高法院大法官。

不过，虽没有证据表明阿利托曾经积极参与过该团体的活动，而且他在就职听证会上也宣布了与该团体脱离关系，但无可置疑的是，他和同为保守派的欧康纳有着本质的不同。

只有一件事能够超越金斯伯格对最高法院中谦让文化的追求，那就是阻止职场中的性别歧视。哪怕是在最高法院这种非常引人注目的工作场所，金斯伯格也会温和但坚定地指出任何存在性别歧视的小事。当我问她现在是否还会经历性别歧视时，金斯伯格爽快地回答道："是的。虽然比以前要少。以前经常会出现这样的情况：我说了一个观点之后大家毫无反应，但当一个男人接着说了和我一样的观点，大家就会说，'好主意'。"金斯伯格大笑，"不过现在这种事少多了。"

对于性别歧视的回应，金斯伯格说，是"试着通过撰写意见书和发表演讲来告诉大家，基于长相、肤色或性别来评判一个人是错误的"。

2009年，贝拉克·奥巴马总统提名了联邦上诉法官索尼娅·索托马耶尔成为最高法院大法官，索托马耶尔的到来把金斯伯格从最高法院中唯一女性的角色中解放了出来。作为第一位被提名的拉丁美洲裔大法官，索托马耶尔很快就因为自己在2001年发表的一次演讲受到了毫不留情的指责。"我不知道完全忽视有色人种与白人之间的差异是否实际上会损害我们的社会与法律，"索托马耶尔在那次演讲中说，"欧康纳大法官常说，一位智慧的老先生和一位智慧的老太太在对案子进行判决时会得出相同的结论……但我说，一位有着丰富经验的智慧拉丁美洲女性会更经常比一位没有过那些经历的白人男性得出更正确的结论。"当时共和党对她的这番言论大肆批判。保守派评论家们开始指责这位在贫民窟长大，经历过无数磨难的女性才是真正的种族主义者。

金斯伯格以一种不寻常的直率态度参与了这场争论，她在索托马耶尔的提名听证会还未开始前就在为这位未来的同事辩护。"我认为他们对这件事小题大做相当荒谬。"她这样告诉《纽约时报周日杂志》："我确定她说的意思不过就是这样：不可否认，女性会为最高法院带来差异化的经历，而正是这些差异才让最高法院变得更好。我是女性，这是一种差异；我是犹太人，这也是一种差异；我在纽约布鲁克林长大，曾在阿迪朗达克山脉参加过夏令营，这些都是组成我与别人不同的一部分。"

对于索托马耶尔把自己称为平权行动的产物，金斯伯格尖锐地评论道：
"我也是。"这无疑是金斯伯格对于另一位即将创造历史的女性的鼓励
与支持。

　　索托马耶尔在最高法院上任之初就决心要展示真实的自己。琼·比
斯丘皮克关于索托马耶尔的书中提到，在最高法院古板严肃的年终晚会
上，索托马耶尔居然播放了萨尔萨舞曲[1]，并甜言蜜语地哄骗其他大法
官和她一起跳舞，这一举动震惊了所有人。当时马丁·金斯伯格才刚过
世，金斯伯格一个人静静地坐在一旁。索托马耶尔弯下身去在金斯伯格
耳边说，马丁会希望她去跳舞的。"金斯伯格缓和了下来，跟着索托马
耶尔跳了几步，"比斯丘皮克写道，"后来金斯伯格伸出手去，用手掌
托着索托马耶尔的脸，说，'谢谢你'。"

　　作为历史上第四位女性大法官，埃琳娜·卡根的到来标志着有史以
来第一次，最高法院中同时有三位女性大法官。金斯伯格非常高兴。

[1] 源自拉丁美洲的一种欢快热烈的舞曲。

1973 年的时候，年轻的卡根曾要求她的拉比为她举行一个女性版本的犹太受戒仪式，这在卡根信奉的东正教中闻所未闻，而且同为犹太人的金斯伯格都根本没想过这种事。作为哈佛法学院的第一位女性院长，卡根曾为金斯伯格推荐过许多法官助理。卡根也是第一位成为联邦副检察长的女性。但是，她承认，自己奋斗的道路已经比金斯伯格的轻松太多了。"女性律所合伙人和女性法学院教授虽然还不是惯例，但数量在不断增加，而且她们的存在也不再会被认为是为了刻意表现平等或是会引起人们好奇的事了。"卡根在讲到自己早期职业生涯时说，"而且几乎所有联邦法官和最高法院大法官都很乐意雇佣最聪明的女性毕业生来做他们的法官助理。"（卡根曾做过瑟古德·马歇尔大法官的助理。）"尽管我不能说我从未经历过偏见，但我想要挑选自己的道路还是比较容易的。"卡根说。她又马上补充道，她需要感谢金斯伯格，"是她让美国的法律公平对待女性，她对此的功劳大过任何其他人"。

现在再也没有人会搞混这三位女性大法官了。金斯伯格开心地说，她的两位新同事可不是什么畏首畏尾的人。不知为什么，老是有人问金斯伯格什么时候才会觉得最高法院上的女性足够多了。她总能一句话就堵住提出这种愚蠢问题的人的嘴："等到最高法院里有九位女性大法官时吧。"

金斯伯格自己也不是畏首畏尾的人。在法庭口头辩论时，她以总是第一个发问而著称。她的问题总是很尖锐，尽管有时人们会需要努力才能听清楚她的问题。"她瘦小的身材和轻柔的声音，加上法庭里不怎样的音效，可能会导致一些旁听者低估这位大法官。"经常在最高法院出庭的律师汤姆·戈德斯坦写道："但律师们可不会犯这样的错误。"

放不下笔

———

在撰写意见书和讨论案情的过程中，案件的最终判决经常会发生改变，毕竟，判决需要至少五位大法官同意同一个观点。"有时在阐述自己看法的过程中，你会开始想，我的想法对吗？我是不是忽视了这个或那个问题？"金斯伯格解释道，"有时一位大法官会说，我不写这篇意见书了。我开会的时候错了。我现在赞同另外一个看法。虽然这种事并不常见。"

她给其他大法官传阅自己写好的意见书之后，金斯伯格说，她有时就会收到便签上写着，"亲爱的鲁思，如果你愿意改变你意见书中这个或者那个内容，我可能会站到同意你意见的这一边"。她一般都会同意做出这些让步，即便最后成稿的意见书可能和她最理想的状态有出入。"即便在有了五票赞同后，我也还是欢迎多一位同事的加入。"她说。

作为自由派中资历最长的大法官，金斯伯格经常可以指派撰写异议意见书的人选。"我尽量公平，这样就不会一个人拿到的全是无聊的案子，另一个人全是有趣的案子。"她告诉《新共和》杂志，"但在那些最受关注的案件中，我大概肯定会自己多写一些异议意见书。"

但即便到了撰写异议意见书这一步也不一定代表异议大法官们输定了。很偶尔的情况下，异议意见书太有说服力而使投了多数票的大法官改变了看法。金斯伯格曾经成功过一次，她把那次经历称为"令人欣喜若狂的经历"。有的时候，异议意见书虽没能改变多数大法官的投票决定，也会让他们修正自己判决书中确立的原则。在"弗吉尼亚军事学院案"中，斯卡利亚大法官在一个星期五下午把他完成的异议意见书扔给了金斯伯格。金斯伯格开玩笑说斯卡利亚毁了她的周末，但是却让她写出了更好的判决书。

2015 年，金斯伯格在国情咨文时睡着了，这件事非常出名。就在那天的前夜，金斯伯格告诉我，"我跟自己说，'不要一整夜工作'，但我放不下笔"。在深夜金斯伯格总是放不下笔。

金斯伯格的法官助理们一般自己决定上班时间，金斯伯格则会在半夜给他们留语音消息指导工作。金斯伯格前法官助理理查德·普力玛斯记得，有天他工作到很晚，所以金斯伯格给他留语音消息时，他自己接起了电话。"理查德，你怎么还在这儿？"金斯伯格惊讶地说。当时，最高法院的大铁门每天凌晨两点关闭。

"两点之后，你必须打电话给值班法警，请他们来开门。"普力玛斯回忆道。1997 年审判年度中，他经常需要打那个电话。"肯尼迪大法官喜欢早起，"另一位前法官助理丹尼尔·鲁宾斯回忆道，"我们有个笑话是，通常肯尼迪来上班的时候金斯伯格才刚刚下班。"从没有人怀疑过金斯伯格的职业道德。大家都知道，她以前会带着小手电筒去电影院，趁着放预告片的时候读信件，打高尔夫的时候都会在击球间隙坐在高尔夫球车上读辩护状。金斯伯格儿子还小的时候，他半夜醒来经常会发现餐桌上摊着一大堆笔记本，妈妈一边在笔记本上写字一边吃李子干。

让金斯伯格明白了法律重要性的那位法学教授，罗伯特·库什曼，很早之前就告诉过金斯伯格她的文笔有一点过分考究。在那之后，金斯伯格就非常注意删减自己文章中的形容词。"如果我的意见书超过了二十页，"她说，"我就会烦恼自己没能更加简练地写完。"她办公室里贴着的准则是"做正确的事，写简练的文章"。她不屑于使用拗口冗长的拉丁文，而力求把意见书的起始段落写得尤为清晰，因为她希望普罗大众也可以理解这些文字。"如果你可以用通俗易懂的话讲清楚，就不要用复杂的语言。"金斯伯格说。金斯伯格会写"不计其数的草稿"，目的是写出一篇没有一句话需要读两遍的意见稿。"我认为法律应当是一种以文学写作为基础的职业，"金斯伯格说，"在最优秀的律师看来，法律不仅仅是一项技术，也是一种艺术。"

金斯伯格的法官助理一般的工作是总结提交到最高法院的上诉请求和撰写意见书的第一稿。他们狂热地牢记他们知道金斯伯格喜欢的词语，比如说，"开拓新道路"，这是她在瑞典学的一个词语，以及用"因为"（而非"由于"）来表达因果关系。上交稿件后，他们就开始志忑不安地等待金斯伯格把他们的稿子改得面目全非。金斯伯格的前法官助理，后来曾担任哥伦比亚法学院院长的大卫·施泽，记得另一位法官助理给他看过一篇金斯伯格改过的意见书草稿。其中有一段话，她划掉并重写了每一个字，除了一个"这"字，她把这个字圈了出来，大概是为了稍微照顾一下这位助理受伤的情绪。

金斯伯格还有一件事很出名：她会修改演讲稿中细微的标点符号错误，包括那些不会被发表、只用来朗读一次的演讲稿。而且，在她的法官助理中流传着一个不知真假的传说，有一次，金斯伯格收到的一份法官助理职位申请中有一个错别字。这位申请人并没有得到面试的机会，但金斯伯格还是特意给她回了一封信指出"这里有个错别字"。某个审判年度结束时，金斯伯格的法官助理们送了她一份菜单，他们用金斯伯格的风格编辑了这份菜单——基本上所有词语都被改掉了。

施泽还记得自己做法官助理时曾得到过一次金斯伯格的高度赞扬。那天他刚刚提交了一份草稿。"马丁想约我晚上去看电影，我拒绝了他，"金斯伯格告诉施泽，明显是为了修改他的稿子而空出了整个晚上，"但这篇稿子写得太好了，所以我决定陪马丁去看电影。"

　　确保文章中语法正确只是开始，之后还有许多功课。金斯伯格教导她的助理们要永远记得大众会受到最高法院判决的影响，而且撰写多数意见书时一定要尊重失败的那一方。金斯伯格写的意见书有时甚至像是故意要跟那些希望在里面看到煽动性词语的人对着干。"可能有些人会觉得我的写作风格有点过于平淡，"金斯伯格在2012年说，"我写的意见书可能不是一开始就能抓人眼球，但我希望我写的东西拥有持久的力量。"她经常引用勒恩德·汉德，就是那位因为不愿意在女士面前改掉自己说脏话的毛病而拒绝聘用金斯伯格的法官，他经常说，一个人不该对对手太不留情面。

　　"她能够敏锐地感知法律如何影响普通人的生活，而且她明白重要的不仅仅是法律条例的内容，还有用来描述法律条例的词汇。"金斯伯格的前法官助理艾丽莎·克莱因说："对参加了诉讼的普通人来说，最重要的结论不应该只是'我输了'，而是'我理解这个司法过程，而且我受到了公正的对待'。"金斯伯格还教导自己的法官助理们不要使用下一级法院或下层法院这样的词语来称呼地方法院与上诉法院，这是她对这些法院表达的额外尊重。

　　但尽管存在着这些严苛的要求，金斯伯格却以完成意见稿的速度而闻名。"我们都笑她写得那么快。而且她的工作成果还都是令人难以置信的高质量，"卡根说，"我在自己的书里说她是拥有精湛技艺的司法工匠。每次和她谈话我总能学到新的东西。"

金斯伯格的办公室内室里装着一个召唤法官助理进来的蜂鸣器，而她的花岗岩书桌上总是扔满了被啃得乱七八糟的铅笔。大多数法官助理都有备而来，他们需要耐心地等待金斯伯格开口说话，他们中的一些把她的沉默称为"她对静默对话的忍耐力"。

　　但他们认为这是因为金斯伯格会和她写作时一样谨慎选择她要说的话。理查德·普力玛斯说他有一个"五个密西西比规则[1]"，数完五个密西西比之后他才能确定金斯伯格一句话讲完了。

　　"总有的时候你觉得对话已经结束了，但你不完全确定她有没有彻底讲完，"前法官助理保罗·伯曼回忆道，"那你就开始慢慢向门口走去，如果她又说了什么，你就马上回来，而如果她没有再说，你就继续走出门去。"

[1] 美国人在数数时经常会在一、二、三等数字之后加上 Mississippi 这个词，如 one Mississippi，two Mississippi……

这个世界应该有的样子

————

    大卫·波斯特的简历有一栏上带着星号，那是二十世纪八十年代他在家做全职父亲的两年。他妻子当时在世界银行工作，经常需要出差，所以波斯特白天在家带孩子，晚上去乔治城法学院上夜校。他在递交法官助理职位申请的时候不太确定要如何解释自己当时的决定，现在也已经忘了自己当时到底是怎么说的。但不论他当时是如何解释的，金斯伯格注意到了他。

    "我并不是世界上第一个这样做的男人，但是这在当时还是很少见的。"波斯特在谈到自己是孩子的主要照顾者时说。他当时不知道金斯伯格做律师时最喜欢的案子是"斯蒂芬·维森菲尔德案"，维森菲尔德在妻子去世之前就承担起了养育孩子的主要责任。1986 年秋天波斯特成为金斯伯格在华盛顿巡回法院的法官助理时，女儿莎拉大概四岁，儿子山姆刚刚出生。他跟金斯伯格说他可能偶尔需要提早下班去托儿所接孩子，金斯伯格也知道他需要回家吃晚饭。实际上，她对此感到非常高兴。

    "我当时想，'这就是我认为这个世界应该有的样子'。只有父亲在养育孩子的过程中承担了平等的责任，女性才有可能真正被解放。"金斯伯格 1993 年在最高法院的内部刊物上解释道。在最高法院就职后，金斯伯格又邀请波斯特来做她在最高法院任职第一年的助理。"我很高兴看到有男人真的在承担父亲的责任，而且不认为这是件很奇怪的事。我希望，对于那些担心如果自己花时间照顾孩子事业就无法成功的男人，以及那些担心如果自己把家庭放在第一位就没了男子气概的男人，波斯特这样的人可以成为他们的榜样。"

波斯特后来开玩笑说，在家照顾两年孩子是他做过的最明智的职业决定。"当然，很多女性也都这样做了，但是没有人会特意照顾她们。"他说。

不久之前，波斯特写了一篇博文讲述自己当时的经历。金斯伯格看到后提醒了他一件三十多年前发生的事。金斯伯格大法官是戏剧爱好者，当时很高兴地发现波斯特申请法官助理职位时提交的写作样本是关于华格纳撰写的舞台剧《尼伯龙根指环》与合同法。在这两个问题上可没有什么是金斯伯格不知道的。"鲁思·巴德·金斯伯格是真正的专家。"波斯特说。他永远都不会忘记在他父亲的弥留之际，金斯伯格给他父母寄的一封信，在信里，金斯伯格说他们应该为他感到非常自豪。

苏珊和大卫·威廉姆斯一同面试，并在之后担任了金斯伯格在华盛顿巡回法院的法官助理，面试与入职之间的十八个月中，他们结婚了。"金斯伯格大法官对于我们俩这样处理工作与家庭之间的时间冲突感到非常高兴，她还特意做了一点调查，发现我们俩，用她的话来说，是'联邦第一对'，意思是说我们俩是联邦政府历史上第一对要为同一位法官工作，却在开始工作前跟彼此结婚的夫妻。"威廉姆斯夫妇写道。

金斯伯格对许多法官助理的第一个要求就是尊重她的两位秘书。"曾经有过一位申请法官助理职位的哈佛法学院尖子生来面试，他很鄙夷地对待我的秘书们，"金斯伯格回忆道，"就好像他们不过是仆人一样。你如何对待我的秘书对我来说非常重要。他们不只是被雇来干活的人。就像我告诉我的法官助理们，'如果真的要裁员的话，我可以干你们的活，但没了秘书们我可就没法工作了。'"

法官助理们会受邀和金斯伯格一起去看戏剧，或是去她位于水门大厦的家中品尝马丁做的晚餐。金斯伯格似乎很喜欢了解助理们的家庭生活。当助理们生了孩子之后，她还会给他们寄去带有最高法院标记，并印着"金斯伯格孙辈法官助理"的 T 恤。

当金斯伯格听到小道消息说她的法官助理保罗·伯曼正在和一位曾为前大法官布莱克门做法官助理的姑娘谈恋爱时，她从自己的办公室内室中给伯曼打了个电话。伯曼记得自己忧心忡忡地接起了电话，以为自己大概搞糟了什么工作。"我不知道你居然在最高法院里还有一位特别的朋友！"金斯伯格轻柔地说，"你应该带她来和我一起喝茶。"两天之后，金斯伯格在她的办公室中弄了一个小茶几，茶几上铺着餐桌布，摆着全套茶具，她与这对年轻的情侣聊了三十分钟。后来，她还成了他们俩的证婚人，她曾为好几位法官助理证过婚。

"我永远都不会忘记她证婚词的结尾，"伯曼说，"她没有说'以某个政府赋予我的权利'，而是说'以美利坚合众国宪法赋予我的权利'。我太太总是开玩笑说我们俩离婚可是违宪的。"

金斯伯格甚至有时会参与助理们的恶作剧。在阿利托大法官任期的第一年，他的法官助理们说服他参与其他法官助理组织的线上棒球比赛。"金斯伯格法官助理对战阿利托法官助理的那一星期，他们惨败。"当年担任金斯伯格法官助理的斯科特·赫什维茨说。事后，赫什维茨急切地向金斯伯格汇报了这次胜利，并建议她给阿利托写一份备忘录炫耀一下。

"她好像我疯了一样地看着我。" 赫什维茨回忆道。但他又大胆地将自己提前写好的备忘录草稿从桌上递给了金斯伯格。

金斯伯格看了一眼那张纸。"再跟我解释一遍线上棒球是什么意思来着？"她问道。然后，她拿出了笔做了一些修改。最后，赫什维茨记得，这份备忘录上写着："亲爱的山姆[1]，我刚得知本星期我的助理们以十比一的比分打败了你的队伍。即使是一个年纪轻轻的法官也不至于这么菜吧。"

[1] 阿利托大法官名字的昵称。

Your Words Just Hypnotize me

异 见 时 刻

Chapter
8

你的话让我着迷

> **"无论如何，希望永存。今天输了，明天还有希望。"**
>
> ——金斯伯格，于 2012 年

　　金斯伯格不喜欢做异议法官，比起被认为是伟大的异议法官，她更喜欢赢得辩论。在她看来，异议法官们当然可以愤然离席，他们的不愿妥协看似体面地保存了尊严，但实际上还是输给了多数法官。斯卡利亚大法官则习惯于做异议者炮轰多数意见，他每次在异议意见书中把其他大法官的意见贬为"不理性"和"彻底的废话"之后那一声自得的轻笑并不难想象。

　　"我认为，当某件事错了的时候，"斯卡利亚说，"它就该被摧毁。"然而，没有人会因为被骂是白痴而改变自己的观点，更不要说最高法院的大法官们。事实上，想要通过最高法院来改变法律，需要的是理性地说服九位大法官中的至少五位。

　　但是有时，当固执己见的多数大法官无法被说服时，异议大法官就应让公众听到他们愤怒的异议。有一些异议大法官的眼界超越了他们所处的年代，比如在 1857 年"斯科特案"中，当持多数意见的七位大法官判定非洲移民的后裔是财产，永远不能成为公民时，他们持异议；在 1896 年"普莱西诉弗格森案"中，当多数大法官以"隔离但平等"之说支持种族隔离政策时，他们持异议。这些异议大法官放弃了与其他大法官的争论，直接向公众发声，希望历史可以给他们以公正。

金斯伯格不喜欢谈论那个让她因为持异议而出名的案子。事实上，当时在任的大法官们对"布什诉戈尔案"大都不愿多谈。这个苦涩又离奇的案子把决定美国总统人选的难题交到了最高法院手中。"有人耻笑这个案子是马戏表演，但这样说简直是对马戏团秩序的侮辱。"代表小布什在最高法院开庭的律师西奥多·奥尔森说。最终，时任得克萨斯州州长的小布什赢了。2000 年 12 月 12 日，最高法院判定中止佛罗里达州的重新计票。这个判决在事实上宣告了小布什赢得总统宝座。这场闹剧才得以告终。

最高法院其实大可以不必掺和，而让佛罗里达州法院决定是否重算自己州的选票[1]，金斯伯格就投票这样认为。但实际上，最高法院火急火燎地掺和了两次。第二次情况尤其危急，九位大法官写了六份意见书。虽然最高法院像煞有介事地举行了法庭口头辩论，但当时的人们就对此不以为然，现在更是如此。肯尼迪大法官和欧康纳大法官撰写了判决书，他们声称，重新计票会造成"差异化对待公民选票价值"，因此违反宪法第十四修正案的平等保护条款。最高法院曾用平等保护条款废除学校中的种族隔离，金斯伯格也曾用它提倡男女平等，但现在最高法院却以它为借口拒绝民主选举。

此案中有四位异议大法官，金斯伯格是其中之一，她撰写的异议意见书语气平和、有理有据。"联邦法院应尊重州高级法院对本州法律的

[1] 美国司法系统分为州法院和联邦法院两套系统，最高法院是联邦法院的最高一级法院。根据联邦主义原则，州内部问题大多应由州法院自己解决。

解读，"金斯伯格写道，"毫无争议，该原则是联邦主义[1]的核心。"金斯伯格的意见书暗示持多数意见的保守派大法官们是一群傲慢自大的伪君子：当他们的判决对共和党有利时，对州权的承诺就被抛到了脑后。杰弗里·图宾在《难分胜负》（*Too Close to Call*）一书中写道，金斯伯格的异议意见书原本可没有这么文雅平和，她在一个脚注中暗示佛罗里达州的选举中可能存在对黑人选民的压迫，她认为这才真正违反了平等保护原则。"这个脚注让斯卡利亚勃然大怒，他给金斯伯格回复了一份备忘录，这个备忘录被密封在信封中，明确说明只有金斯伯格可以拆阅。在备忘录中，他指责金斯伯格'不顾大局'，'使用激进手段激化种族矛盾'[2]。"金斯伯格在她异议意见书的最终版本中删除了这个脚注。

金斯伯格不愿在此事上过多纠缠，她将此事微妙地称为"笼罩在美国最高法院上空的十二月阴云"，但在后来坚称，这不过是过眼云烟。"不论当天有何冲突，"金斯伯格说，"现在我们应团结一致向公众表明，所有大法官都更看重最高法院这一机构，而非个人价值。"

可以看出，除非有充分理由，金斯伯格从不愿意出风头。所以当她愤怒地公开表达意见时，你便知道事态的严重性。

[1] 联邦主义指的是在宪法中单独列举联邦政府的权限，其余所有权力由各州及其人民所有的原则。金斯伯格在此处指的是宪法列举的联邦权力并不包括决定此案的权力。
[2] 在原文中，斯卡利亚指责金斯伯格"using 'Al Sharpton tactics'"，Al Sharpton 是美国著名民权运动家和脱口秀主持人，常被指责使用激进手段激化种族矛盾。

大法官席上孤独的存在

————

对金斯伯格来说，2005 年的 6 月到 9 月，是短暂而痛苦的三个月。6 月，金斯伯格的同事兼好友，欧康纳大法官，宣布她将在 75 岁时退休。对最高法院的大法官来说，这是相对年轻的退休年龄。欧康纳解释称她想花更多时间陪伴患有老年痴呆症的丈夫。9 月 3 日，就在最高法院下一个审判年度即将开始的时候，一直被金斯伯格亲昵地称为"我的长官"的伦奎斯特首席大法官因癌症与世长辞。

最高法院的这两个空缺给了新上任的小布什总统两次提名大法官的机会。他旋即将原先计划填补欧康纳空缺的时年五十五岁的约翰·罗伯茨任命为首席大法官。重新选择代替欧康纳的人选花了很长时间。小布什在提名了白宫顾问哈里特·迈尔斯之后又匆忙撤回，因为社会普遍认为迈尔斯不够格。小布什最终提名了联邦上诉法院法官塞缪尔·阿利托。在这两个任命之后，美国最高法院无疑向保守派倾斜了不少。这标志着保守派几十年的努力终于赢得了胜利。之前的几十年间，共和党任命了数位"保守派"大法官，包括史蒂文斯、苏特、欧康纳，但他们上任后，人们才发现这些大法官其实都是温和派。保守派积极分子认为，最高法院在二十世纪六七十年代过分推进了民权运动的进程，而小布什新任命的两位大法官可以帮助他们拨乱反正，把最高法院带回正确的道路上。

欧康纳退休之后，金斯伯格成了最高法院中唯一的女性。2006 年秋季，最高法院新审判年度伊始，电视新闻记者麦克·华莱士采访金斯伯格时问道，她曾在自己的大法官任命听证会上说，她认为最高法院中将会出现第三个、第四个，甚至更多女性大法官，"所以，她们在哪儿？"

"令人悲伤的是，她们不在这儿，"金斯伯格坦率地说，"因为总统没有提名，参议院也没有投票确认其他女性大法官。你应该去问那些政治领袖，为什么不选择女人做最高法院大法官。"

《纽约时报》记者琳达·格林豪斯指出，2006年审判年度中，女性法官助理的人数锐减到了个位数，而上一次女性法官助理数量如此之少是十多年前的事了。在这一年聘用的三十七位法官助理中，只有七名女性，其中有两位是金斯伯格聘用的。金斯伯格认为女性法官助理数量的锐减要归咎于那些没有聘用女性法官助理的大法官，包括阿利托、苏特、斯卡利亚和托马斯大法官。

金斯伯格想要传达的信息很明确：她一人无法承担代表整个女性群体的责任。成为最高法院中唯一的女性勾起了她对法学院的糟糕回忆。

那三年她的经历奇特而又孤独。历史不应倒退，然而在最高法院这个法律权力的中心，女性再一次成了"一次只出现一个的奇观"。这对所有女性来说，都不是好事。女孩们难以想象自己也可能成为最高法院的大法官，人们也将完全忽略女性之间会持有不同意见这一事实。2007年1月金斯伯格在一次采访中说，和欧康纳同时在最高法院中任职意味着，人们可以在观察她们后得出结论："最高法院里有两个女人。虽然都是女人，

但她们长得不像，法律意见也不同。"或因少见的脆弱，或是意有所指，
金斯伯格又说："现在我在最高法院中的位置，只能用'孤独'来形容。"

可怜的小女人

———

　　金斯伯格在最高法院上任之初，罕见地对堕胎权充满了信心。在她加入最高法院前一年，大法官们在"计划生育联合会诉凯西案"中重申了"罗伊诉韦德案"中确立的堕胎权的核心内容。金斯伯格认为，"凯西案"判决中允许政府对堕胎进行的限制可能会给贫困女性造成额外负担，因此仍有改进空间，但它本可能更坏。至少"凯西案"的判决中明确提到了女性权益，并提到了堕胎权对于女性平等的影响："女性能否平等参与我国经济与社会生活取决于她们能否控制自己的生育决定。"

　　当时是 1993 年，新研发的口服堕胎药使得女性可以在怀孕早期进行堕胎，金斯伯格相信堕胎权问题中依然存在的矛盾都终将因科技的发展而得到妥善解决。"我越来越觉得科学将把堕胎的决定权交到女性手中，"她在一次采访中说，"法律如何规定将会变得越来越无关紧要。"但这根本没有成为现实。如同所有跟堕胎有关的事务一样，这种药物受到了诸多限制，女性根本难以得到。保守派没能彻底禁止堕胎，但他们想办法逐步通过了一条条看似无害的法律，其最终目的便是让女性越来越难以实施堕胎。这一切似乎都是由"凯西案"造成的，此案判决中认为只要不在女性堕胎权上加诸"过度负担"，州政府就有权限制堕胎。这个原则此后就一直被用来进行堕胎限制。

　　比尔·克林顿总统身边有许多因为怀孕而改变了自己人生轨迹的女性，在他任命金斯伯格成为大法官之后的三年里，他宣布自己将行使总统否决权禁止《部分分娩堕胎术[1]》的通过。这条法案唯一的目的便是政治煽动。实际上，医生很少会实施部分分娩堕胎术，而即便真的实施，也是在相较于普通堕胎更晚一些的时候。禁止它并不能改变堕胎数量。但它却给反堕胎权运动提供了一个绝好的平台来展示那些令人毛骨悚然的堕胎影像。

在联邦政府拒绝通过该法之后，反堕胎权运动的成员们又找到了一些和他们有共鸣的州政府，说服他们通过了相近的"部分分娩堕胎术"禁令。许多医生抗议该禁令违宪。在最高法院的"斯坦伯格诉卡哈特案"中，一位来自内布拉斯加州的医生质疑该州的禁令，在口头辩论中金斯伯格说：

"不论该禁令有什么作用，它绝非出于保护女性健康的考虑。"实际上，此案中的多数大法官判定这个法律让女性更不安全。"当州政府在对堕胎方式进行规范时，只能保护，而不能损害女性的健康。"布

[1] Partial birth abortion：又称 Intact dilatation and extraction。是指在超音波引导下，医生将钳子伸入子宫，夹住胎儿拉出阴道，再进行堕胎的过程。医生常出于对孕妇身体状况的考虑选用这种堕胎方法。

雷耶大法官撰写的判决书中这样写道，这份还有欧康纳和苏特加入的判决书宣判该禁令违宪。金斯伯格单独写了一份同意意见书，在该意见书中她指出该禁令本身毫无意义，其真实的目的不过是为了逐步推翻"罗伊案"的判决。认为这种堕胎方式十分荒唐怪诞的肯尼迪大法官则撰写了一份异议意见书，他在意见书中绘声绘色描述了堕胎的全过程。

然而，2003年，小布什总统耀武扬威地将禁止"部分分娩堕胎术"写入了联邦法律，这出乎了所有人的意料。在最高法院推翻了内布拉斯加州的禁令之后，不论是法律还是相关医学研究都没有发生改变。变了的是最高法院组成和总统人选。1992年的"凯西案"中，宾夕法尼亚州法律要求女性在堕胎前告知其丈夫，多数大法官认为该法律体现了传统男性权威，且可能会对处于家暴关系中的女性造成危险。在该案到达最高法院之前，曾有四位下级法院法官对该问题进行过判决，其中只有一位法官认为该法律没有违反宪法。他的名字叫塞缪尔·阿利托。

2007年，终于有人在最高法院中对联邦"部分分娩堕胎术"禁令提出质疑。但此时欧康纳已经退休，最高法院中唯一的摇摆票肯尼迪基本控制着最终判决。肯尼迪仍对于这种堕胎方式充满愤怒。金斯伯格曾说过，该禁令不仅无法改善女性健康，而且也不能保护未出生的胎儿。但肯尼迪想当然地认为它可以。在"冈萨雷斯诉卡哈特案"中，肯尼迪撰写的判决书给了反堕胎运动提出的各种堕胎禁令一个新的理由：保护反复无常的女性，以免她们后悔自己的决定，并保护她们不受医生的欺骗。

"尽管我们没有找到可靠数据，"肯尼迪写道，"但无可置疑的是，总有一些女性会因堕掉自己曾孕育的生命而感到后悔。这可能会导致严重抑郁和自信心丧失。"通过禁止这种堕胎方式，或禁止所有晚期堕胎，肯尼迪说，他认为女性甚至可以被说服完全不进行堕胎。达利娅·利兹维克在 *Slate* 杂志[1]中评论认为肯尼迪"判决书的前提是所有女性都和他一样敏感，而且都认为这种堕胎方法糟糕透顶，所以她们都一定会拒绝采用这种方法。对于那些跟他想法不同的人，他就代她们决定好了"。

肯尼迪撰写的判决书是对金斯伯格所持基本信念的侮辱。多年来，金斯伯格一直努力让法律承认女性拥有与男性平等的、决定自己命运的权利，但这一判决动摇了她努力的根基。相反，金斯伯格说，肯尼迪在判决书中想象的女性是一位"后悔自己决定的可怜小女人"。金斯伯格在庭上宣读异议意见书时，她提醒肯尼迪，他在有关堕胎权和同性恋权利的案件中都曾说过："最高法院的使命是定义何为公民自由，这包括了所有公民，而不是表达大法官个人所持有的道德观。"她甚至打破了自己长久坚持的团结协作的准则，冰冷地指出现任最高法院的组成"已与我们上一回考虑限制堕胎的法规时不尽相同了"，不难看出，她话中所指的是新加入的阿利托大法官。

这将是一个漫长的审判年度。

[1] 美国著名电子杂志，主要对政治、文化等新闻进行评论与分析。

金斯伯格在"冈萨雷斯诉卡哈特案"中的异议意见书节选

在 1992 年"计划生育联合会诉凯西案"中，肯尼迪、欧康纳与苏特大法官共同撰写了判决书。该判决书重申了女性拥有在胎儿能够独立于母体存活之前堕胎的权利，但宣布州政府可以对该堕胎权进行限制，只要这些限制不会对权利造成"过度限制"。

金斯伯格此处引用了 1961 年"霍伊特诉佛罗里达州案"的判决书，此案认为女性可以不承担任何陪审员的义务。此案曾被列在金斯伯格在美国民权同盟女权项目中想要推翻案件的清单中。

这里，金斯伯格尖锐地提醒肯尼迪他自己曾在"凯西案"中赞同的观点，而他现在的判决已与此相背离。

对金斯伯格来说，堕胎权有关女性平等，而非女性"隐私"，最高法院开始慢慢认可了女性平等这个概念。在最高法院的意见书对这个概念的表达中，这是最直接一贯的表达了。

"凯西案"指出，一旦女性基本的堕胎权利受到质疑，女性"掌握自己命运"的权利便危在旦夕。"就在不久之前"，女性还"被认为是家庭生活的中心，她们必须为家人服务，因此无法充分享受宪法给予的独立法律权利"。

本院在"凯西案"中明确指出，这些看法"已与我们现今对于家庭、个人和宪法的理解不相符"。人们已充分认可女性也拥有足够的智慧、能力和权利"平等参与到国家的经济和社会生活中"。**女性能否充分发挥个人潜力与"她们能否独立决定自己的生育计划"密切相关。因此，法律不允许过度限制女性堕胎权。**这并不只为保护女性隐私权，**更重要的是为了保护女性自主权，这种自主权给予女性权利自由决定人生轨迹，从而享受与男性平等的公民权利。**

本院的多数意见书基于"道德"考量做出判决，但实际上，他们可以借用所谓的"道德"禁止任何情况下的堕胎。他们所谓的"道德"与政府保护生命的合法目的并无关联。以"道德"为原则决定此案，是对基本权利的僭越，也令本院的判例史蒙羞。

事实上，本院持多数意见的大法官们在此案中禁止堕胎的依据是：**堕过胎的女性会后悔自己的决定，而且会因此"患上严重的抑郁症、失去自信"**。多数意见大法官们很清楚，根本没有可靠的证据来支持这个说法。他们担心，考虑到女性"脆弱的情感"和"母亲对孩子爱的纽带"，医生可能会不忍心告知她们"部分分娩流产术"的手术流程。本院不仅不去要求医生准确完整地告知女性可选的堕胎方法以及它们的风险，反而选择以女性生命安全为代价，剥夺女性自主选择的权利。

这种思维模式中隐含的对女性在家庭和宪法中地位的看法早已过时且毫无权威。

多数意见大法官们认为他们完全可以揣测到女性在堕胎问题上会产生的感情，并以此为基础来决定女性的命运。但本院曾多次强调"女性的命运必须由她自己的感情和她对社会的认知来决定"。

……总而言之，"部分分娩堕胎术"禁令不能促进任何合法政府利益。本院多数意见也没有提出任何可信的理论支持其对该禁令的维护。**坦白说，这个禁令本身，以及本院对它的袒护，目的便是损害女性的堕胎权。堕胎权，作为女性的基本权利，已在判例中被确认过多次，其对于女性人生的重要影响也正得到越来越广泛的理解。**

因为无法赢得多数大法官的认同，反堕胎的活动家们逐渐开始以保护女性而非保护胎儿的理由来正当化对堕胎的限制。肯尼迪的意见书就反映了这种新的反堕胎的想法。

金斯伯格指出了现在禁止堕胎的理由是"保护女性"。她认为这种反堕胎的论证恰好反映并强化了对女性做决定的能力以及女性社会角色的刻板印象，而这种刻板印象已经在性别歧视案件中被最高法院判定为违宪而推翻了，她自己就曾经为这样的案件代理过。再一次，女性被告知她们只须美丽、不必思考，这是为了她们好。

金斯伯格可没那么容易被愚弄。她清楚地知道保守派支持"部分分娩堕胎术"禁令实际上是为了逐渐推翻所有对堕胎权的保护。

再一次被排除在外

————

一天晚上，已经在固特异轮胎公司工作了几十年的莉莉·莱德贝特惊讶地在自家邮箱中发现了一张匿名的便签。莱德贝特至今也不知道是谁给她送了这张便签。不是她的下属，那个告诉她他在家里要听泼妇的话，在公司他绝对不听从泼妇命令的男人；也不是她的上司，那个告诉她如果她跟他去酒店开房就给她提高工作评分的男人。这张破破烂烂的小字条上列着所有固特异轮胎销售部经理的工资，所有男同事的年薪都大概比她高五万美元。莱德贝特终于决心起诉。

坐在最高法院的法庭中，莱德贝特凝视着法庭房间中的一排科林斯柱，之前在联邦巡回法院中她被告知诉讼时效已过。莱德贝特的律师抗议说每一次支付工资都是独立的歧视行为，因此每次发工资都应重新开始计算诉讼时效。

在法庭口头辩论中，莱德贝特看着和男性大法官们一起坐在法官席上的金斯伯格。"我和她年纪差不多，而且和我一样，她开始工作时，她的专业中大概也没有几个女人。"莱德贝特后来写道，"当我在工厂里工作的时候，她也正在美国司法系统神圣的道路上前行。但我想，职场里西装革履的男人与穿牛仔裤的男人在对待女性的态度上可能也没什么不同吧。"

不幸的是，因为欧康纳的退休，自由派失去了一位可能的支持者，对公司利益友好的保守派阿利托得以撰写判决书。在判决书中，阿利托用一种公事公办的态度写道，莱德贝特应该在"公司每次采纳所谓存在性别歧视的决定，并告知她之后的 180 天内提出诉讼"。

金斯伯格在此案中又一次宣读了她的异议意见书，显然她与莱德贝特感同身受。"这是莱德贝特那一代几乎每一位职业女性都会遇到的事，我也有过相似的经历。"金斯伯格后来说，"她从事的职业以前完全由男性主导。她努力得到了这份工作后依然饱受质疑。但她不愿意提出太多抱怨，以免失去工作。"但金斯伯格现在已是终身任职的大法官，她不再害怕对此提出抱怨和抗争。

金斯伯格在"莱德贝特诉固特异轮胎公司案"中的异议意见书 *

当时金斯伯格是最高法院中唯一的女性大法官，这句话明显是想要告诉男性大法官他们根本不理解作为女性在真实世界中的感受，特别是那些在男性主导职业中工作的女性，比如莉莉·莱德贝特在固特异轮胎公司中的经历和鲁思·巴思·金斯伯格的整个职业生涯。

讽刺的是，最高法院一贯表明其希望让联邦法院中民事诉讼的数量逐步减少。

这里金斯伯格对诉讼的实际运作机制做出了说明。如果某人在第一次歧视发生时马上提起诉讼的话，他/她基本不可能赢得诉讼。

这里指的是1964年《民权法案》的第七条。但实际上，诉讼时机问题上的"第二十二条军规[1]"导致了没有人可以赢得职场歧视的诉讼。

在我们看来，**该案中的多数大法官们不理解或不关心女性在职场中可能受到的但难以为人所知的薪酬歧视。**

今日的判决建议，一旦你感到自己的薪资跟同事存在差异，即便还不确定这是否是由于歧视引起时，也应当马上提起诉讼。但实际上，刚开始时你并不知道做着同样工作的男同事工资更高。

当然，这样做的话，你很可能会因为诉讼时机不成熟而输掉诉讼。

只有在薪资差距巨大且该差距已被稳定建立起来时，你才有可能赢得诉讼，但如果你在此时再提起诉讼，那么法院就会以诉讼时效已过而驳回你的诉讼请求。国会在《民权法案》第七条中明确禁止雇主因种族、肤色、宗教信仰、性别或民族血统而歧视雇员，但现在这种**情况**不可能是当时国会的立

---

[1] "第二十二条军规"这一说法来源于美国作家约瑟夫·海勒的同名长篇小说，现在一般指因互相矛盾的规则而导致的两难境地。

法本意。

　　……第七条的通过是为了在现实职场中发挥作用，但我院今日的判决完全忽略了社会现实。

　　员工一般不会知晓同事的薪资信息。相反，雇主一般都会刻意隐瞒这类信息。

　　刚开始工作时，即便员工知道自己的工资和同事存在着一些差距，这也很难成为提起联邦诉讼的理由。

　　莱德贝特是她所在行业中第一批进入职场的女性，在这样男性主导的职场中获得成功的女性都与莱德贝特有着相同的经历，她们因为焦虑而不愿引起事端是完全可以理解的。

　　……莱德贝特没有更早提起诉讼是出于对雇主的信任，这不应成为阻止她现在因基于性别的薪资歧视想得到补偿的理由。

　　但是，根据本院对于第七条的解读，只要莱德贝特没有在一开始就起诉，之后所有的薪资歧视都被一笔勾销，而公司做出的那一系列最终使得莱德贝特的薪资远低于所有同职位男性经理的决定也无关紧要。

　　本院这是在说，如果一家公司明知自己在薪资上歧视对待员工，但只要长久坚持这么做，法院就会认为这是合法的。

　　但是，当莱德贝特向平等就业机会委员会投诉

正如"莱德贝特案"中的情况，薪资差距一般是逐步累加后产生的。必须在足够长的时间之后，才能有充足理由相信这种差距是由于歧视造成的。

在追求薪资平等中，这是雇主最大的优势。试想，如果我们的世界中薪资完全透明，或至少公司内部薪资完全透明，反歧视法会有多大的不同。

莉莉·莱德贝特说："金斯伯格大法官一语中的……你不能指望大家都去问自己的同事挣多少钱。而且，即便你知道有些同事工资比你高一点，你也不能直接就怀疑这是因为歧视造成的。特别是如果你和我一样在男性主导的职场中工作，作为唯一的女性，你不会想引起不必要的波澜。相反，你会努力试图融入集体。"

听起来像是金斯伯格的早期职业生涯。

太早起诉不行，太晚起诉也不行——如果莱德贝特过早起诉，那么她会被认为无事生非而受到惩罚；如果她等到有确切证据证明存在薪资不平等时再起诉，她就会因为诉讼时效已过而输掉诉讼。

雇主需要对每一次工资支付行为负责。在金斯伯格看来，既然雇主想要在员工薪资问题上保密，那么保密的代价就是每一次工资支付都是可以重新开始计算诉讼时效的独立行为。

时，她却无法基于第七条而得到相应补偿。

值得注意的是，即便莱德贝特不是因为性别，而是因为种族、宗教信仰、年龄、民族血统或残疾而受到薪资歧视，同样也不能得到相应的补偿。

这并非我院第一次对第七条进行如此狭隘的解释，这种解释与第七条希望广泛解决问题的本意不相符合。

1991年，国会通过了一项《民权法案》，它有效推翻了最高法院与今日判决相似的一些限制性判决，其中一个判决还被本案判决书引用了。

今天，又轮到国会来改变这个现状了……立法机构应当注意并纠正最高法院对第七条过于狭隘的解读。

罗伯茨首席大法官领导最高法院尚不足两年，但这个原本应当寻求共识的法院已经令人失望地分成了两派。罗伯茨自己也对2006年到2007年间的审判年度进行了批判，他不仅批评了最高法院对竞选经费的限制，而且还批评了那些试图改变种族歧视，但本身似乎涉及种族歧视的法律。"想要停止种族歧视的方法就是在法律上停止种族歧视。"在一个有关在学校中进行种族隔离的案件中，罗伯茨在他的判决书中这样说道。金斯伯格在这两个案子中都持异议。

薪资保密对所有人都会产生影响，不仅仅对民权法案第七条保护的女性。而且，这也不仅仅关乎非法歧视问题。

最高法院历史上多次错误理解了第七条，这条法律本应被用来帮助受到歧视的人，而非成为他们争取赔偿的阻碍。

当时由民主党控制的国会确实承担起责任并改变了法律，但到了2015年，金斯伯格告诉我："现在的国会没有能力做任何事。所以我们曾在'莱德贝特案'中得到的结果现在已经没那么容易达到了。未来的某一天，我们会拥有一个希望中的立法机构。它的成员，不论是哪个党派的，都希望让法律发挥作用，并团结协作确保法律真的在发挥作用。"

这个审判年度中，金斯伯格在大法官席上连续宣读了"卡哈特案"和"莱德贝特案"中的两份异议意见书，这在之前从未发生过，而人们也马上注意到了她这一不同寻常的举动。辛西娅·福克斯·艾普斯汀告诉《纽约时报》："金斯伯格一直被外界认为是那种戴着白手套、优雅平和的人，而且以这种态度处理问题，她确实取得了许多成就。但现在她发现自己努力抗争了多年的基本原则都已危在旦夕，于是她就不再受到诸多最高法院传统的限制了。"这篇《纽约时报》报道的题目是《持异议的金斯伯格在最高法院中发声》。金斯伯格开玩笑说这篇报道让马丁大吃一惊。

对于自己引起的这些不和谐，金斯伯格毫无歉意。在审判年度的结尾，她在一次演讲中提出了警告："如果本院在重要的问题上继续向着错误的方向前进，我会继续发表异议。"至少从比喻意义上来说，金斯伯格已经褪去了优雅的白手套。

★ 感谢德雷塞尔大学托马斯·R.克莱恩法学院法律副教授戴维·S.科恩提供评论。

他们从未做过
十三岁的小女孩

————

　　莉莉·莱德贝特的故事没有结束。金斯伯格敦促国会承担起改变法律的责任，但她必须保持耐心。2008 年，国会提交法案以撤销最高法院多数大法官在"莱德贝特案"中对反歧视法造成的损害，但这份法案却在由共和党控制的参议院中胎死腹中，而且小布什总统也已明确表示他将用总统否决权否决该法案。但贝拉克·奥巴马的当选改变了这一切。在他就任总统的十天内，奥巴马就签署通过了《莉莉·莱德贝特公平薪酬法》。在签署的现场，莱德贝特红光满面、喜不自禁地站在奥巴马的身后。金斯伯格在她办公室的墙上挂上了一份裱好的法案原文。她一直希望政府分立的三个权力部门之间可以顺畅沟通，这一理想终于成了现实。

　　但尽管如此，金斯伯格依然是最高法院中唯一的女性，她发现这给她带来的挣扎超过了意识形态的界限。那个审判年度的春季，最高法院听取了一个有关亚利桑那州十三岁女孩萨瓦娜·雷丁的案件。雷丁在学校里被脱衣搜查，因为另一位学生宣称雷丁给了她处方剂量强度的解热镇痛药物布洛芬。最高法院需要考虑的问题是，在学校里对学生进行脱衣搜查是否违宪。但在口头辩论的那个上午，几位男性大法官，其中包括至少一位自由派男性大法官，不太能理解为什么在雷丁身上发生的事情很糟糕。"我在试图想明白，为什么被要求脱到只剩内衣是很严重的事，毕竟孩子们在上体育课前都会换衣服。"布雷耶沉思道，"在我的印象里，当我八岁还是十岁还是十二岁的时候，你知道，我们在学校里每天都会脱一次衣服，我们要换衣服上体育课，好吗？而且在我的印象里，同学有时候会把什么东西戳到我的内裤里——"法庭里爆发出一阵不安的笑声。托马斯笑得最为大声。

布雷耶试图挽救自己的失言。"也有可能不是我的内裤。随便，随便了。"但到了此时，他已经完全失去了对法庭的控制。"这种恶作剧是不是我干的？我不知道。我是说，我不觉得脱衣搜查是很少有人经历过的可怕事情。"

雷丁的年龄和金斯伯格孙女克拉拉的差不多。金斯伯格受够了。"她们不仅仅被要求脱到只剩内衣，"她终于爆发了，"她们还被要求提起胸罩抖一抖，看里面有没有藏东西——抖一抖，还要拉开自己的裤子，也抖一抖。"

几星期之后，大卫·苏特大法官宣布退休。而金斯伯格打破了最高法院不成文的规定，她在还未公开判决之前便谈论了萨瓦娜·雷丁一案。庭审口头辩论中发生了灾难性的一幕，金斯伯格告诉《今日美国》："对我来说，就是'莱德贝特案'重演了。"她指的是最高法院中的男性大法官们完全不了解女性的现实生活。"他们从来都没有做过十三岁的小女孩。"金斯伯格在谈到其他大法官时说，"对女孩子来说，这是一段非常敏感的时期。我认为我的同事们，至少他们中的一些，不能理解这一点。"

他们确实不理解萨瓦娜·雷丁，而且他们也没有听鲁思·巴德·金斯伯格的意见。"在二十世纪六七十年代，我都不记得自己曾经参加过多少次这样的会议,每次我说了一些我觉得很有道理的话,"金斯伯格说,"然后一位男人和我说了一模一样的话。但人们就会留意到他所说的话,并对此做出反馈。"人们惊讶地发现,一直坚持团结协作的金斯伯格现在竟然公开谴责她的同事们重演性别歧视的旧时代。"这种事情甚至在最高法院的会议上也会发生,"金斯伯格继续说,"当我说了某个观点,而且我认为自己说得很清楚,但总要等到另外一个人说了同样的话大家才会关注到我的观点。"

但这一次,男性大法官们终于听进了金斯伯格的观点。2009 年 5 月 26 日,奥巴马提名索托马耶尔为最高法院大法官。6 月 25 日,最高法院全体一致判决学校对雷丁的脱衣搜查违宪。金斯伯格后来告诉我,是她改变了其他大法官的想法。"我们一直在学习,"她说,"倾听很重要。所以我为这个案子的最终判决感到非常高兴。"

疾风暴雨

2006 年，共和党与民主党共同发声，表示在确立《选举权法》的四十年后，依然有必要维持该法效力以保证少数族裔不被剥夺公民选举权。参议院全票赞成重新授权这个在 1965 年通过的法律，众议院也以三百九十票赞同、三十三票反对的结果赞同这一决定，小布什总统随后签署其成为法律。然而，在这个共识的背后却隐藏着一股蠢蠢欲动想要反叛的保守派势力。十几年前，里根政府中有一位名叫约翰·罗伯茨的律师，他曾在一份合著的备忘录中建议改变法律，使得对选民的压迫"不那么容易被证明，因为选民压迫一旦被确认，选举过程中就可能会出现极具入侵性的干涉"。显然，罗伯茨完全不知道被剥夺选举权对该选民产生的干涉是多么具有入侵性。

2013 年 2 月 17 日，在"谢尔比县诉霍尔德案"的庭审口头辩论中，斯卡利亚提出了一个理论来解释参议院对《选举权法》的支持。"我认为这很大程度上要归功于一个被称为维持种族特权的现象。"斯卡利亚说，"有人写过相关的文献。当一个社会建立起了种族特权，想要通过正常的政治途径消除这种特权是非常艰难的。"

黑人，斯卡利亚暗示道，已经控制了政府，而那些可怜的政治家因为害怕被别人指责为种族主义者而不敢对此有所行动。最高法院需要去拯救他们。当斯卡利亚发表这番言论时，坐在法庭律师区域的人们都倒吸了一口冷气。

保守派经常大肆批判非民选大法官们的"专制"，但在"谢尔比县案"中，正是保守派的大法官们推翻了民选政府官员制定的、用来保护公民投票权的法律。"现任最高法院以保守闻名，但如果激进的意思是随时准备好推翻由参议院通过的法律，我认为现在的最高法院将是美国历史上最激进的法院之一。"金斯伯格告诉《纽约时报》。她令人沮丧的预言成了现实。在"谢尔比县案"之后的几年中，各州政府迫不及待地通过了各种法律让投票变得更为艰难，而这一改变无疑对有色选民和贫困选民产生的影响更大。"我们因为没有被淋湿而丢掉了伞，"金斯伯格说，"但现在依然还是疾风暴雨。"

金斯伯格在"谢尔比县诉霍尔德案"中的异议意见书节选[*]

———

"没有人怀疑选举歧视依然存在。"但我院今日的判决抛弃了已被证明是解决选举歧视问题的最佳方式。在 1965 年《选举权法》开始实施之前，我们已经尝试了许多其他对抗选举歧视的方法，但都一无所获，《选举权法》却实实在在地发挥了作用。《选举权法》中最有效的规定是要求所有历史上曾歧视对待少数族裔选举权的地区在对其选举权法做出任何修改前，都必须通过联邦政府的审查。第十四和第十五修正案确保公民有权利不受种族歧视自由投票，但在这两条修正案通过的一个世纪之后，"选举中的种族歧视的疫症"依然"感染着我国一些地区的选举过程"。早期对于这种邪恶疫症的抗争少有成效。每当某种选举歧视的形式被发现并禁止之后，更多形式又会如雨后春笋一般出现。我院就曾屡次遇到过这种"多样化且难以根除的"剥夺少数族裔公民投票权的法律……《选举权法》的出台就是为了解决这个问题，它是美国历史上联

金斯伯格自从 1993 年加入最高法院以来就一直激烈地维护投票权。

金斯伯格在此处暗示，早期的联邦民权法案、地方法律，以及第十四和第十五修正案，都没能阻止长达一个世纪对某些选民的歧视。

金斯伯格提到，消除选举中的种族歧视就像是打地鼠游戏一样，一个刚被消灭，马上就会有更具创造力的歧视形式出现。

金斯伯格认为，《选举权法》对于维护美国民主极为重要。《选举权法》第五条是它的核心，也曾被称为是民权运动"皇冠上的珍宝"。金斯伯格在她异议意见书的后半部分中提到，"正因为《选举权法》，曾经只是梦想的平等选举权才得以成为现实并得到维持"。

★ 感谢全美有色人种协进会法律辩护和教育基金副主任兼律师亚娜·S.纳尔逊提供评论。

金斯伯格在此处解释了"联邦审核"的过程。一些州，大多数是南方州，曾经想出一些诡计来压迫少数族裔选民投票，而且还狡猾地规避了宪法中终止选举种族歧视的要求。但在联邦审核的要求下，这些地区在对选举权法进行任何修改之前，都必须将修改计划提交给司法部或华盛顿联邦基层法院进行审核。在这个规定下，在任何对选举权法的改变生效前，联邦政府都可以确保该提案不会让少数族裔受到更大的压迫。

一语中的。

邦政府最对症、有效、正当使用联邦立法权力的例证。 在那些著名的经常违反宪法的州中，《选举权法》要求州政府在改变有关选举权的法律之前必须通过联邦政府的审查，《选举权法》为少数族裔选民们和州政府都提供了一个合理的解决方案。《选举权法》第五条规定，本法案中列举的州必须在对其州选举权法或选举程序做出改变前向司法部提交提案申请，司法部将在六十天内对此提案做出答复。**除非司法部认为该提案的"目的或结果是为了依据种族或肤色而妨碍投票权"，司法部必须批准该提案。否则，提出提案的一方有权在华盛顿地区法院中要求三位法官组成审判庭，并在他们面前对司法部的决定提出质疑……国会严肃谨慎地在 2006 年重新投票通过了《选举权法》。但我院却没有以相同的态度来对待今日的判决。** 国会提供了大量立法记录，但我院甚至都没有试图去认真阅读这些记录。实际上，我院今日仅因为选民登记人数和投票率有所上升就做出了判决。判决书中不仅没有明确说明其采用的审议标准，而是仅以"档案中的数据"为由反对其他观点，而且拒绝参与任何"有关记录中的数据到底能够说明什么的辩论"。《选举权法》是我国民权立法的核心部分，我院今日之判决推翻了该法的核心，其论点却无法让人信服。

本院的判决中既没有考虑在"谢尔比县案"这

一特定案件中应用《选举权法》的合宪性，也没有考虑《选举权法》中明确规定可以只考虑部分法条的合宪性，而是对整部法案的合宪性做出了判决。这一判决难以被认为是克制中立的司法表现。**恰恰相反**。多数大法官们在今日判决中对《选举权法》的破坏只能用狂妄自大来形容。

……大量证据证明，国会认为选举歧视可能会回归并非空穴来风。**在审查制度正发挥作用时废除它，就像因为在暴风雨中没有淋湿而扔掉雨伞一样可笑**……

对某条法律提出直接质疑指的是法律本身违宪，因此需要完全被推翻；与此相对的是一种较为狭义的质疑，即质疑在某个明确的情形里，该法是违宪的。保守派经常指责自由派法官们在司法中过于激进，在判决中考虑不应由司法部门考虑的问题。但今天，金斯伯格反过来谴责了最高法院中保守派大法官及其支持者。她对由保守派组成的多数大法官们说："慢一点，冷静下来，不要那么激动，你们一没有考虑该案中到底是否存在歧视，二没有考虑是否有可能基于更狭义的法律理论来进行判决。"

这里，金斯伯格采用了民权运动者们经常提出的论点，即《选举权法》中的审查制度有效阻止了歧视性选举法律的通过，并且从一开始就打消了那些想要建立起歧视性法律的州政府的念头。值得注意的是，在"谢尔比县案"之后，美国有色人种法律辩护基金会等民间组织及其同盟都向法院提起了诉讼，以推翻那些本来在审查制度下就应当被推翻的州法律。其中有一条被质疑的法律是关于得克萨斯州对于选举中身份证明的严格要求。根据该法，选民可以用枪支持有证来登记投票，却不能用学生证登记投票。

"选举歧视并不是我想象出来的。"金斯伯格继续说，大量国会记录都支持了 2006 年重申《选举权法》第五条的重要性，还有大量史料也证明了历史中一直存在的选举歧视。她就像是在对多数大法官和其他怀疑《选举权法》的人说，"如果你之前不知道，你现在知道了"。

没有了《选举权法》第五条的审查，选举歧视以惊人的速度在南方各州卷土重来，而更令人始料未及的是，许多之前没有料想到的区域中也出现了各种选举歧视。这场战役不是因为"声名狼藉"的金斯伯格输掉的。在最近有关得克萨斯州选民登记身份证件的案子中，金斯伯格在异议意见书中写道，"得克萨斯州选举中的种族歧视绝非只是历史问题"。但是，现在我们可以用来抗争它的武器已经不多了。

今日判决中最令人悲伤的讽刺意味在于它完全没有领会到《选举权法》有效的原因。**本院多数大法官似乎认为，既然《选举权法》已成功地消除了 1965 年时存在的选举歧视，我国就已经不再需要选举权法律审查制度了……在这样的想法下，以及因此而产生的论点中，历史重演了。**

到了 2014 年 6 月，人们已经习惯了在判决书中读到"金斯伯格大法官提交了异议意见书"这句话。五位共和党任命的男性大法官在"伯维尔诉好必来案"中不仅判定公司也像个人一样有宗教良心，而且这种良心允许把避孕药品排除在员工健康保险之外。又不是什么大事，该案中的多数大法官说，不过是女人的玩意儿嘛。几星期之后，凯蒂·库里克[1]问金斯伯格："你认为那五位男性大法官真的能够理解这一判决造成的后果吗？"金斯伯格回答道："我只能说不。"那么，他们，作为男人，是否对这个问题的理解存在着"盲点"？库里克继续追问。"如果想要控制自己的命运，女性必须拥有得到避孕用品的途径。"金斯伯格说，"我当然尊重好必来公司所有者的宗教信仰。但从另外一方面来说，宪法没有赋予他们把这种信仰强加在成百上千不持有同样信仰的女性员工身上的权利。"

在"好必来案"的异议意见书中，金斯伯格写了那个非常著名的句子，而这个句子出现在她任何激烈的异议意见书中都不会显得突兀："最高法院，我担心，已经进入了充满谬误的危险境地。"

[1] Katie Couric，美国著名记者兼作家。

金斯伯格大法官的异议

判决日期	案件名称	涉及法律问题
2003.06.23	"格拉芙诉博林格案"	密歇根大学的平权行动项目是否违宪？
2009.06.25	"萨福德诉雷丁案"	在什么情况下，学校可以对十三岁的女孩进行脱衣搜查？
2009.06.29	"里奇诉迪斯蒂法诺案"	纽黑文消防局的一项测试会导致黑人消防员申请者无法得到充分代表，废除这一测试是否歧视了白人申请者？
2010.01.21	"联合公民诉联邦选举委员会案"	政府有多大权力可以控制公司对于竞选投入的经费？
2011.03.29	"康尼可诉汤普森案"	一位曾被误判死刑的人是否应当得到一千四百万美元的补偿？
2011.05.16	"肯塔基州诉金案"	对那些公寓被进行了毒品搜查的人来说，他们拥有哪些权利？
2011.06.20	"沃尔玛诉杜克斯案"	沃尔玛公司的一百五十万名女性员工能否作为一个集体对公司提起诉讼？
2012.03.20	"科尔曼诉马里兰州上诉法院案"	州政府的雇员能否依据《家庭医疗休假法》中的条例对政府提起诉讼？
2012.06.28	"全国独立企业联盟诉西贝利厄斯案"	依据宪法，联邦政府能否要求所有公民购买健康保险，并要求州政府扩大医疗补助计划？
2013.06.24	"费希尔诉得克萨斯州大学案"	得克萨斯州大学的平权行动项目是否违宪？
2013.06.24	"万斯诉波尔州立大学案"	在职场中受到上司的性骚扰时，哪些人算是上司？
2014.06.30	"伯维尔诉好必来案"	如果公司所有者的宗教信仰反对避孕，该公司是否可以拒绝为员工提供避孕医疗保障？

"我院不应基于未经验证的预言来决定美利合众国的总统人选。"
——金斯伯格在"布什诉戈尔案"的异议意见书中说，2000 年 12 月 12 日

"几代以来一直存在的种族压迫在我们的社会中依然清晰可见，因此保持必须消除它的决心依然至关重要。"
——金斯伯格在"格拉茨诉博林格案"的异议意见书中说，2003 年 6 月 23 日

判决结果	金斯伯格说
是。因为该计划追求多元化的目标和方式太过具体刻板。	"在可能会给长久被剥夺平等公民权群体加重负担的事务中，那些可以加快根除已深入骨髓的歧视及其后果的措施并未得到充分的考虑。"金斯伯格在异议意见书中写道。
金斯伯格成功说服了同事们同意她的观点，即搜查必须"与调查目的相关，且在决定搜查方式时需要考虑到被搜查人的年龄和性别，而不能过多侵犯其隐私"。	她的同事们"从未都没有做过十三岁的小女孩。对女孩子来说，这是一段非常敏感的时期。我认为我的同事们，至少他们中的一些，不能理解这一点。"金斯伯格在《今日美国》的采访中如是说。
是。投票结果是五比四，肯尼迪撰写了判决书。	金斯伯格的异议意见书中指责肯尼迪忽视历史背景和案件事实，并宣称"这一判决，我认为，不会拥有长久的效力"。
基本没有权力。投票结果是五比四。肯尼迪撰写了判决书。	"如果我只能选择一个想要推翻的判决，那就是这个案子的判决。"金斯伯格告诉《新共和》，"这个判决是在说，我们拥有的民主是用钱可以买到的民主，但这与民主真正的含义相差甚远。"
最高法院五比四判决该案的检察官无须承担责任。	"本案中发生的事是不公正的极致体现。我认为我院判决不仅错了，而且错得离谱。"金斯伯格这样告诉《今日美国》。
警察一方获胜。投票结果是八比一。阿利托撰写了判决书。	"我院今日的判决给了缉毒警察违反第四修正案中有关搜查证要求的权力。"金斯伯格在异议意见书中写道。
不能。斯卡利亚撰写了判决书。	"原告提交的证据，包括她们讲述的个人经历，反映了沃尔玛充斥着性别偏见的公司文化。"金斯伯格在其部分异议意见书中写道。
不能。投票结果是五比四。肯尼迪撰写了判决书。	"《家庭医疗休假法》的目的是帮助女性平衡家庭与工作……而本院今日判决令人遗憾地削弱了该法案的效力。"金斯伯格在其口头异议中说。
一部分能，一部分不能。严格意义上来说，该判决并未废除《平价医疗法案》，但它彻底改变了早前判例，且规定州政府可以自主决定是否扩大医疗补助计划，这一决定导致几百万人没能得到医疗保险。	"如此死板地理解联邦贸易条款不仅毫无意义，而且是历史的倒退。"金斯伯格在其部分异议意见书中写道。
有可能，肯尼迪撰写的判决书中说。该判决将此案发回下级法院重审，最终该平权行动项目没有被推翻。	"我重申之前已说过多次的观点，认为所谓'中立'教育项目可以实现种族平等的想法无疑是不愿接受现实的鸵鸟思维。"金斯伯格写道。
雇主赢了。投票结果是五比四。阿利托撰写了判决书。	金斯伯格在异议意见书中写道："我院判决不仅忽视现实中的工作环境，而且危害了防止职场歧视的各种民权法案。"
可以。投票结果是五比四。阿利托撰写了判决书。	"好必来公司要求的豁免权会让大量与其持不同宗教信仰的女性员工无法得到避孕药物的健康保险。"金斯伯格在其异议意见书中写道。

I Just Love Your Flashy Ways

异 见 时 刻

Chapter
9

我就是爱你张扬的样子

伊琳：我听说你可以做二十个俯卧撑。

金斯伯格：是的，但是我一次只做十个。（笑）休息一小会儿之后可以再做一组。

——微软全国有线广播电视公司采访，2015 年

人们在谈论金斯伯格的时候，许多人会用"不可阻挡"这个词来形容她。但他们应当知道，仅从字面意思来讲，金斯伯格也确实不可阻挡。比如说有一次，肋骨断了的金斯伯格都没有停止一星期两次的私人健身训练。

在过去的将近二十年中，布莱恩特·约翰逊一直是金斯伯格的健身教练。2014 年金斯伯格肋骨断了的那一天，他试图跟金斯伯格的秘书说在大法官的骨头痊愈前，他不会让她继续锻炼。

现在，坐在华盛顿办公室中的约翰逊在讲述这个故事时，依然对金斯伯格当时的回答惊叹不已，他还记得当时金斯伯格的秘书说："她不想听这种话。"

约翰逊并非没有经历过艰苦训练的人。作为陆军预备役一等中士，约翰逊以前经常从直升机或飞机中跳伞，还曾被派遣去过科威特。而且，他不仅见识过军人的坚韧不拔，他对精英女性们坚韧的品质也并不陌生。他的客户大多是让人印象深刻的职业女性。但金斯伯格却是那个被他称

为"和钉子一样顽强"的客户。

"我是说，她并不是最强壮或最结实的女性，但她真的很坚强，"约翰逊说，"她在健身房里就像在最高法院大法官席上一样拼命。"

金斯伯格一直很瘦，但在直肠癌痊愈后，马丁开始说她瘦得像是刚从奥斯威辛集中营里逃出来的一样。1999年，马丁建议金斯伯格找一个健身教练，当时欧康纳也建议她在癌症治疗期间要坚持锻炼。（金斯伯格喜欢晚上工作，所以她从来都赶不上欧康纳在早上八点进行的有氧训练课，欧康纳一般要求自己所有的女性法官助理都来上这个课。）金斯伯格在二十九岁时陪马丁参加一个税法会议，在这个会议上，她发现了一个加拿大空军训练课，从那之后，她基本每天都会练习。这个训练设计于二十世纪五十年代，其中包括了许多飞快触碰脚趾、高抬膝盖、大圈摆臂和高抬腿的动作。

金斯伯格人生中的大部分时候，人们都认为她是个一本正经，甚至有些冷漠的人。但当她在骑马或滑水的时候，金斯伯格就会显露出自己卸下了防备心的另一面。有一个夏天，金斯伯格和伯特·纽伯恩一起在科罗拉多州奥斯本市教书。有一天，他们俩与几位朋友相约去科罗拉多河里玩激流和漂流。当时金斯伯格年近六十，而且身形瘦小。"我告诉鲁思她应该坐在船的后方，因为她太轻了，如果船撞到石头的话，她会飞出去的。"纽伯恩说，"她的回答是：'我从不坐在后方。'"几年之后，一位名叫杰罗尔德·科恩的朋友受马丁之托去为金斯伯格在最高法院的提名进行游说，他说："当克林顿总统想要找一位年轻法官的消息刚传出时，我就推荐了金斯伯格，而且我特别说明她身体状况非常好。"1998年，已经成为最高法院大法官的金斯伯格在夏威夷大学访学一星期，她兴高采烈地去玩了冲浪。

有一次，美国奥运会女子篮球队来参观最高法院，金斯伯格和欧康纳领着她们参观了法院楼上的"美国最高球场"。金斯伯格大胆地投了一个球。女篮队员们纷纷表示，如果好好训练一下，金斯伯格完全可以做一个控球后卫。金斯伯格的七十五岁生日聚会在第二巡回法院中举行，这是她负责监管的巡回法院。在聚会中，有人问金斯伯格希望谁能给她录一段生日祝福的视频。金斯伯格的选择出乎所有人的意料，她选择了扬基棒球队的传奇经理乔·托尔。

　　在经历了大手术、化疗、放疗等"一系列治疗"之后，金斯伯格承认，她需要重塑健康。金斯伯格的朋友，一位名叫格拉迪斯·凯斯勒的华盛顿联邦法院法官推荐了约翰逊做她的私人教练。当时约翰逊在凯斯勒的法院中担任记录管理员。约翰逊不太清楚金斯伯格的经历，但他也不在意。他只需要知道金斯伯格现在的身体情况，并以此为基础开始训练。金斯伯格对待训练的态度和她对待其他事一样：充满惊人的决心，而且决不抱怨。

　　"她每天都要用脑，"约翰逊说，"我要确保她每天也都使用她的身体。"

　　刚开始，约翰逊让金斯伯格站在地上撑着墙做俯卧撑。金斯伯格怀疑地问道："俯卧撑？"约翰逊回答道："没错，俯卧撑。"

　　在训练开始的前几个月，约翰逊有点担心，因为金斯伯格没有给他任何反馈。"如果大法官不喜欢你的话，"金斯伯格的一位秘书告诉他，"那你不会现在还在这儿。"约翰逊之后再也没有问过这个问题。

　　约翰逊依然还有着军人的宽阔肩膀和坚挺姿态，但他喜欢戴蓝色镜片的眼镜，而且在回邮件时喜欢用"酷""帮派"这样的词语。约翰逊看起来像是习惯于让那些头脑复杂但四肢简单的专业人士感到自在的人，换句话说，约翰逊懂得如何自在地做自己。他经常跟金斯伯格开玩笑，而且他说，尽管金斯伯格是出了名的没有幽默感，连她自己的孩子都这么说，他却偶尔能够把她逗笑。

约翰逊办公室的地上堆满了东西，包括许多箱黄色档案文件和装满了运动器械的粗呢袋子。办公室角落里的架子上放着一件写有"声名狼藉的金斯伯格"的T恤和一顶写着"我爱金斯伯格"的帽子，这两样都是他最著名的客户送给他的礼物。在他桌子下面有一个半开着口的黑色袋子，里面放着一双拳击手套，这双手套属于他第二著名的客户，埃琳娜·卡根大法官，她在金斯伯格的推荐下也成了约翰逊的客户。

约翰逊理解这些女性，她们在这个世界中需要不断奋斗前行，却又不能太过刻意。"在这个城市中做女人，你必须忍受一些事情，而且必须付出很多，"他说，"比如说你看金斯伯格大法官和凯斯勒法官，她们奋斗的时候会有人告诉她们，'你想做律师？你可以做律师助理，但你不可能成为律师。'"

约翰逊现在仍在军队预备役中，他还做着防止性侵和为受害者辩护的工作，在军队官兵提出了性侵投诉之后，他不仅会帮助他们了解可能的处理方法，还会引导他们经历整个处理过程。他认为自己是女权主义者吗？"我从小身边就有许多坚强的女性，她们影响了我看待女性的态度，"他说，"我对女性的态度和我对男性的态度是一样的。"（然后他又赶紧补充说，不过他的祖母总是教育他一定要为女士开门。）

练习了撑着墙做俯卧撑之后，金斯伯格又练习了跪式俯卧撑。在这之后，标准俯卧撑。到了那个时候，约翰逊心满意足地说："我可以看到她眼中的光芒。"有时金斯伯格会做超过二十个俯卧撑。这时约翰逊就得看着点金斯伯格，以免她对自己训练得太狠。

在经历了癌症以后的金斯伯格瘦弱得像一只小鸟，脸色也总是苍白，但约翰逊从来不会因此觉得金斯伯格就什么都做不了了。几年前，《纽约客》杂志的作者杰弗里·图宾在一本介绍最高法院的书中用了"脆弱"这个词来形容金斯伯格。他后来被直截了当地质问了这个错误，马丁当着他的面问道："你能做多少个俯卧撑？"

图宾还在努力回想自己到底能做多少个的时候，马丁反击道："我太太能做二十五个，而你居然用'脆弱'来形容她。"

布莱恩特·约翰逊时常会被问到金斯伯格是否其实做的是"女式俯卧撑"，指的是那种膝盖跪在地上的俯卧撑。他拒绝使用这个词语（而且她确实也不是）。"俯卧撑就是俯卧撑，"约翰逊说，"我从不因为一个人的性别来决定她能做什么训练。"

但这并不是说在训练中他看不到任何男女差异。实际上，在他训练金斯伯格的最高法院中大法官公用的健身房中，他就看到了一些男女差异。"我曾在那儿看到过首席大法官，还有布雷耶大法官。"约翰逊说。

他翻了个白眼。"男人们，包括我，都有点自负：'我知道怎么做。我知道怎么使用杠铃，我知道怎么开车。'而女人们明白，'我不知道怎么使用杠铃'，"他说，"金斯伯格大法官很懂法律，但关于私人训练的知识，可得由我来解释给她听。"

唯一金斯伯格试图向约翰逊解释的东西是戏剧。"有时候我能理解，"约翰逊坦白地说，"但有时我就……好吧。那是她擅长的领域。"在大法官健身房中没有装电视之前，金斯伯格会听着古典音乐健身。（她在二十世纪九十年代初期曾经上过一次爵士健身操课，她惊恐地向《新共和》记者描述道：那个课上会放很响的音乐，我觉得听起来太可怕了。"）

现在训练时，金斯伯格一般会放美国公共广播公司的《新闻在线》。

"我甚至也成了《新闻在线》的粉丝。"约翰逊说，虽然听起来不怎么有热情。在卡根大法官的训练中，当她第一次让他调到电视频道的《体育中心》栏目时，约翰逊松了一口气。

而且他对于要教卡根拳击感到非常高兴。"多少女人知道怎么出拳？虽然这不是很淑女的动作，"约翰逊说，"但皮质手套击打在皮质沙袋上的声音太美妙了。当你听到那个击打的声音——"他模仿了一个拳击动作，并发出了"哪哪哪"的声音——"那是女人们有时候没法领会的感觉。"他甚至还创造了一套挺长的组合拳，并把它称作"卡根组合拳"。

有一天晚上——金斯伯格的训练时间基本上都在晚上，一般是晚上七点——金斯伯格的训练课紧接在卡根的训练课之后，金斯伯格问约翰逊那副拳击手套是干吗的。约翰逊顺势建议比卡根年长一些的金斯伯格也尝试一下拳击。"她说，'不用了，还是把这个运动留给卡根好了'。"

所以金斯伯格这是最终发现了自己的运动极限吗？

约翰逊对此有个理论："她觉得自己已经有了足够的自信和权威，不需要用这种对抗性的运动再给她以安全感。"

金斯伯格在八十岁高龄之后还同时维持着惊人的高工作强度和无比繁忙的社交生活，如果约翰逊愿意，他完全可以说这有一部分是他训练的功劳。但他主要开心的地方在于，从开始训练之后，金斯伯格的骨密度就没有丝毫下降，而这对她的年纪来说本来是不大可能的。"有一次她在办公室里摔倒了，臀部着地，""对年纪较大的女性来说，摔倒的话意味着什么？"约翰逊指的是她们很容易就会摔断骨头。"金斯伯格去看了医生，回来之后说，'什么也没断'。这就是我训练效果最好的证明。"

有一次训练的时候，他们经历了一场虚惊。金斯伯格突然感到头晕、胸闷，并且出了一身冷汗。她觉得这可能是因为她之前一夜未眠在写意见书，所以想要不管这些症状继续训练。"我当时非常固执。"金斯伯格说。但约翰逊打电话给了她的秘书，这位秘书，用金斯伯格的话来说，用她特有的"温柔但非常有说服力的方法"坚持说服她应该去医院看看。

约翰逊看着金斯伯格上了救护车，他保证："你在我的看护下不会有事的。"他接着又说了一句让金斯伯格忍不住微笑的话："我说，'大法官，你知道你不会因为这个就可以偷懒不做那些俯卧撑了对吧？'"

在医院里，心电图显示金斯伯格右侧冠状动脉阻塞，医生给她做手术植入了支架。"我没事，"金斯伯格跟我说，"我胸也不闷了。我当时就想回家。"她说着自己笑了起来。医生们坚持让她在医院住了两个晚上。

当金斯伯格住院的消息被媒体报道之后，约翰逊收到了一条在俄亥俄州工作、同为健身教练的朋友的信息，约翰逊是在一次健身会议上认识他的，在那个会议上，金斯伯格是传说中神一般的存在。"嘿，你到底对大法官做了什么，老兄？"他的朋友质问道。"我就很奇怪，问他，'你怎么知道的？'""我们一直都在收听美国国家公共电台！"

金斯伯格在星期三做了心脏支架手术，她想在下个星期一就开始继续训练。这一次，约翰逊妥协了，但是只允许金斯伯格做一些拉伸运动。直到那时，约翰逊才知道训练对金斯伯格来说非常重要，比她断掉的骨头重要，甚至比和总统的晚餐还要重要。

金斯伯格从不掩饰自己对贝拉克·奥巴马的喜爱。她用 sympathique 这个意为"轻松愉快"的法语词来形容他，这是她对一个人最高的赞扬。但有一天晚上，约翰逊记得，金斯伯格从白宫晚宴中提早偷偷溜出来。毕竟，她在健身房有约。

"我说，'你为了我抛下了美国总统？'"约翰逊回忆道，"哦天哪，那奖励你多做几个俯卧撑。"

金斯伯格的健身计划

　　金斯伯格大法官先在椭圆机上热身五分钟，然后做一些伸展和转体运动。最近，布莱恩特·约翰逊要求她扶着他的手做一些单腿下蹲，以及平板支撑。在做平板支撑的时候，约翰逊会努力压低金斯伯格的背脊。但金斯伯格的招牌运动是一个被约翰逊称为"那个让你不需要全天由护工照顾的运动"，这个运动可以帮助年长的客户在上厕所时，无须别人的帮助就可以自己从马桶上站起来。

1. 双手握着一个 12 磅的球坐在椅子上。（金斯伯格刚开始时用的是 2 磅的球，后来才慢慢增加重量。"我第一次给她 12 磅的球的时候，差点把她压垮了。"约翰逊说。）

2. 站起来，双手握球，将球移动到胸前。

3. 将球扔给约翰逊，约翰逊再把球递回来。（"我不会把球扔回去，万一她没接稳被球砸到就太糟糕了。你就想象一下，万一大法官被我扔的球砸到了，我需要写多少报告啊。"）

4. 坐回到椅子上。

5. 重复十次。

金斯伯格的时尚品位

华盛顿是一个在时尚上追求实用与统一的城市，而大法官们更是穿着统一的黑色法官袍，但在这样的城市中，金斯伯格勇敢地展示着自己的审美。就和金斯伯格的其他方面一样，她的审美简洁、优雅，有时又出人意料地大胆。而且，对金斯伯格来说，所有小细节都很重要，这不仅因为她是完美主义者，更是因为细节中有故事。

金斯伯格最著名的时尚单品就是她搭配在黑袍外面的颈饰或蕾丝装饰领，扫一眼她办公室中的衣柜就可以发现她至少有十几个这样的饰品。在她刚上任的时候，这些是她为女性大法官的存在做出的静默政治宣言。"你知道，标准的法官袍是为了男性设计的，领口处预留了露出衬衫和领带的位置，"金斯伯格说，"所以桑德拉·戴·欧康纳和我认为，在法官袍上加上一些女性化的装饰也没什么不合适的。因此我有很多很多的装饰领。"设计法官袍的人从未想过有一天女性也可能会穿上它，因为当时的人们从未想过自己所处的世界有一天会发生巨变。但金斯伯格和欧康纳把这个本与女性无关的东西加上了自己的特色。

男性大法官们也会装饰自己的法官袍。伦奎斯特为了向吉尔博特和苏利文创作的《艾俄兰斯》致敬而为自己的法官袍上添加了金色条纹。（金斯伯格也是吉尔博特和苏利文的粉丝，她有一次开玩笑地送了伦奎斯特一顶英国法庭上戴的白色假发。）约翰·保罗·史蒂文斯则经常佩戴他标志性的领结。

但金斯伯格的颈饰有着自己独特的语言。这位不喜浮夸写作风格的大法官却用着繁复美丽的颈部装饰。她在宣读异议时佩戴的颈饰是一串天鹅绒上镶嵌着细小玻璃珠的香蕉共和国[1]牌颈饰，那是她在 2012 年时被《魅力》杂志评选为年度女性时得到的礼物。"它看起来很适合在异议时佩戴。"她简单地说。

虽然在现在的最高法院中很少有金斯伯格赞同的判决书，但当这种情况发生时，她会佩戴一条悬挂着许多金制小吊坠的颈饰。这是她的法官助理们送给她的礼物。她喜爱的颈饰还包括一条她在南非开普敦博物馆中发现的白色网状编制颈圈，和一条在大都会歌剧院的礼品商店买到的颈饰，那是她最喜欢的男高音普拉西多·多明戈在威尔第创作的《斯蒂菲里奥》中佩戴的带有双片下垂布片的颈饰的复制品。金斯伯格说这个颈饰可以让她想起自己人生中最美好的一个片段，当时金斯伯格刚刚得到了哈佛荣誉学位，同为哈佛荣誉校友的多明戈为她唱了一支小夜曲。那一天，金斯伯格不仅得到了等待了半个世纪的哈佛学位，还见到了自己最喜爱的男高音歌唱家。"那一天太美好了。"她说。

金斯伯格一直希望下一代女性大法官也养成佩戴颈饰的习惯，但是直到现在，她的这个愿望还没能达成。最高法院大法官正式就职前有两次宣誓仪式，第二次是在被称为授权仪式的正式场合进行公开宣誓。2009 年，索托马耶尔在她的宣誓仪式中佩戴了一个蕾丝颈饰，这个颈饰末端的蕾丝被编成花朵样式，下方则垂着一片纯白色的装饰布。记者们得知这是金斯伯格送给她的礼物。但是根据法庭素描和官方画

---

[1] Banana Republic，美国著名服装与首饰品牌，在全球拥有六百多家分店。

像[1]来看，索托马耶尔后来没怎么佩戴过这个颈饰。她一般会佩戴着自己标志性的大耳环，但对法官袍不加装饰。

在卡根加入最高法院时，她已经是金斯伯格的好友了，但她从一开始就拒绝佩戴颈饰。"我认为你必须做让自己舒服的事，"卡根在任职开始后不久说，"我平时生活里不会佩戴带有褶皱或蕾丝的装饰物。有些人佩戴的饰物让我觉得不怎么舒服。"金斯伯格并没有因此与她疏远。

如果颈饰是金斯伯格个人的象征，那么大法官袍则是统一的象征。"大法官袍，我认为，是'我们都将公正审判'的象征。"金斯伯格在谈到黑色的法官袍时说，"在美国，这个规定应该是由前首席大法官约翰·马歇尔确立的，他曾说过美国的法官不应该穿皇家礼袍，也不该穿红色或栗色的袍子，而是应该穿纯黑色的。"

但在确立这个规则的时候，马歇尔只考虑了完全由男性组成的最高法院。"我当时不知道任何人会为女性制作大法官袍，"第一位女性大法官欧康纳说，"当时可以买到的要不是唱诗班的袍子，要不就是教授袍。"金斯伯格一般从英国购买自己的袍子，她喜欢英国市长穿的袍子。不在最高法院的时候，金斯伯格有时会去一些模拟法庭中做法官，这种时候她偶尔会允许自己穿得出挑一些。在二十世纪九十年代，她曾做客中国，她很喜欢中国红黑相间的法官袍，后来就得到了一件作为礼物。

"法官并不是一份在着装方面最有魅力的职业。"有一年，《魅力》杂志曾在卡内基音乐厅里举行年度晚会，当时在台上的金斯伯格这样说

---

[1] 因为最高法院至今不允许摄影设备进入法庭，所以描绘法庭的影像只有素描和画像。

道。但金斯伯格自己是个例外。她一直是法官时装界的一匹黑马。她在就职确认会上的着装得到了《纽约时报杂志》传奇时尚编辑卡丽·多诺万的赞许，多诺万还曾是《时尚》和《芭莎》的编辑。"去年夏天，当金斯伯格穿着一条轻快的褶子裙，搭配短打上衣和珠链出现在参议院时，在华盛顿时尚界的眼中，她是继杰奎琳·肯尼迪之后最时尚的女性。"多诺万写道。

1997 年，另一位《纽约时报》的时尚编辑杰弗里·罗斯描写了自己拜访金斯伯格办公室时的经历，在这篇文章中，罗斯也把金斯伯格的泰然自若与杰奎琳著名的白宫访问录像进行了比较，然后他做出了极为少见的充满诗意的疯狂褒奖："很难不被她令人难以置信的魅力所震撼。她大约只有五英尺高，穿着绿松石色的中国丝绸外套搭配着阔腿裤，黑色的头发紧紧扎成马尾辫。她看起来像是一个精致的小雕像。"马丁在纽约工作的律所中一位秘书曾为金斯伯格打印一份辩护状，她还记得自己看到金斯伯格时的迷茫，这位穿着绿色短袖套衫的女士和她想象中的模样大相径庭，这位秘书后来也成了女权主义者。

现在，金斯伯格喜欢穿由锦缎或带刺绣的丝绸制成的宽松优雅的袍子，她常会搭配一些夸张的首饰：醒目的珍珠项链，一串戴了几十年的红色项链，或大吊坠颈饰。

金斯伯格没有耳洞，但经常佩戴颜色夸张的耳钉或者大耳环。金斯伯格经常在旅行时购物。大卫·施泽记得她曾开玩笑地抱怨说马丁不喜欢逛街，所以尼诺会陪她去。尼诺是她对安托宁·斯卡利亚大法官的昵称。

金斯伯格很少穿休闲的衣服。在《九人：美国最高法院风云》中，杰弗里·图宾写道，有一次下暴风雪，最高法院派了吉普车去接金斯伯格和其他大法官来参加法庭口头辩论。"金斯伯格穿了一条直筒窄裙配高跟鞋，"图宾写道，"但地上全是雪，因为金斯伯格的着装，一般在法官助理办公室里做文职工作的吉普车司机不得不把这位瘦小的大法官举起来放进车里。（后来，金斯伯格给这位小伙子写了一封申请法学院的推荐信。）"

金斯伯格在着装问题上有时很保守。她的长孙女克拉拉说，每次金斯伯格觉得她穿的裙子太短了就会不怎么含蓄地表示要借给她一条披肩盖一盖。克拉拉大一的时候穿了鼻环，而且耳朵上一共打了十三个耳洞，金斯伯格对此惊恐万分。"她一直把我的鼻环叫作'你脸上的那个玩意'。"

克拉拉好笑地说。不过，金斯伯格跟我说，她觉得至少鼻环，不像文身，是很容易就可以去掉的。

在公开的社交场合，金斯伯格会戴手套，一般是黑色或白色的蕾丝手套。在密歇根州冬天最冷的时候，她还会穿大胆的过膝皮靴。她的手包里一般都会有一本美国宪法。后来她从《魅力》杂志的礼品袋中得到了一个 MZ Wallace 的托特包，她实在太喜欢了，就自己又买了一个。（她还给克拉拉也买了一个。）

她非常喜欢菲拉格慕皮鞋。金斯伯格的头发永远都紧紧地梳在脑后，一般用发圈固定住。偶尔她会戴着穆斯林头巾来上班，这种时候，金斯伯格的一位法官助理说，秘书们就会警告他们，今天是金斯伯格穆斯林头巾日，"这样我们看到她的时候就不会傻笑"。

金斯伯格的办公室是她精致品位的体现。办公室里摆着一个埃莉诺·罗斯福的塑像，很传统，但是金斯伯格还在最高法院大法官用的标准书桌上放了一块黑色的花岗岩。虽然金斯伯格说她最喜欢的艺术家是马蒂斯，但根据她从华盛顿博物馆中选择的艺术品来看（所有大法官办公室中摆放的艺术品都是自己从华盛顿博物馆中挑选的），她的选择实际上更难以预测。她喜欢二十世纪中期美国艺术家本·坎宁安的抽象作品，坎宁安的传记作者说他的作品结合了"逻辑和想象力，从而给我们对社会中存在的对抗经验增添了一个新的维度"。金斯伯格的另一最爱是德国艺术家约瑟夫·阿伯斯的几何色块作品。（2011 年，金斯伯格曾羞涩地表示，自己在拿回正在旅行展览的阿伯斯作品前不会退休。她估计那差不多要等到 2012 年。但直到现在她也还没有退休。）她还买过马克·罗斯科和马克斯·韦伯的画作。

除了在梦里，她都只是一只麻雀

————

金斯伯格在观看戏剧时常流泪。"她看电影时经常会多愁善感。"简说，但戏剧确实是另一种容易让人多愁善感的艺术。金斯伯格常常会幻想，如果自己有歌唱天赋的话人生一定会大不相同。"如果上帝给了我天赋，我可能会成为一位伟大的歌剧女主角，"她说，"但可惜我的声音太过单调。而且我小学音乐老师对我的评价太残酷了。他们评价说我只是一只麻雀，做不成知更鸟。"不过她还是会唱歌，但"只在洗澡的时候和在梦里的时候唱"。

金斯伯格从十一岁时就开始喜爱戏剧了。当时十一岁的琪琪在布鲁克林的一所高中观看了一位名叫迪恩·迪克森的指挥家指挥的《乔康达》，她当时全身都感觉像是触了电一般。迪克森是一位非洲裔美籍指挥家，他在欧洲声名远扬，但在美国却因为一些与他才能无关的原因而一直郁郁不得志，金斯伯格一直都记得这一点。他在美国指挥的时候，金斯伯格曾多次参加新墨西哥夏季戏剧节，其中一次她这样告诉《新墨西哥圣达菲报》的记者，迪克森"从未被称为大音乐家"，而这本是对指挥家惯常的尊称。

　　1961 年，在舞台上和生活中都努力对抗种族主义的传奇非洲裔女高音歌唱家莱昂泰恩·普莱斯在《游吟诗人》中初次登台大都会歌剧院。当时金斯伯格和马丁就坐在观众席中。金斯伯格还记得当时一束聚光灯打在了普莱斯父母骄傲的脸上，他们来自密西西比州，父亲是一名工人，母亲则是一位助产士。几十年之后，金斯伯格在最高法院接见了普莱斯，她握着普莱斯的手惊叹道："我的天哪，这位伟大的女性。"（午餐时，普莱斯主动唱起歌来，一位在场的记者确信，当时同为戏剧爱好者的肯尼迪大法官流泪了。）

　　对戏剧的喜爱也一直是马丁家族的传统。简记得她的奶奶——即金斯伯格热爱的母亲伊芙琳，每星期六都要听大都会歌剧院的广播，伊芙琳的父亲则是敖德萨市一座剧院中的技工。金斯伯格和马丁驻扎在俄克拉何马州的军营中时，他们会开四个小时的车去达拉斯看一场大都会歌剧院的巡回演出，还会从军营图书馆中借戏剧的录音带来听。后来在纽约，他们在大都会艺术博物馆里有一个包厢，每星期五都会去，这几乎成了他们安息日时最常规的活动。

　　在华盛顿，金斯伯格夫妇住在水门公寓，街对面就是被称为华盛顿国家戏剧之家的肯尼迪中心。戏剧明星们常常会谈论起金斯伯格到后台的拜访，以及她在幕布拉下后会对本场戏谦逊地做出博学的评价。"我们认为她是我们这个大家庭中的荣誉成员。"剧场主席说。金斯伯格也是观看演出的常客。"她品位极佳且十分博学。"莎士比亚戏剧公司的艺术总监迈克尔·卡恩说，他还邀请了金斯伯格为自己证婚。

作为在最高法院任职的戏剧迷有很多好处，其中包括可以在至少三场演出中客串。有一次金斯伯格和斯卡利亚一起在《阿里阿德涅在纳索斯岛》中客串，金斯伯格戴着白色的假发，摇着扇子，而斯卡利亚则让一位歌者跳到了他的大腿上。在 2003 年的歌剧《蝙蝠》中，金斯伯格、肯尼迪和布雷耶出现在舞台上，他们被介绍为"最高法院中的三位最尊贵的客人"，这让所有观众都惊喜万分。对金斯伯格来说，这些经历中最好的部分是什么？"多明戈离我不到两英尺远——当时我就像触了电一样。"金斯伯格说。

金斯伯格现在负责监管最高法院中一年两次的戏剧和乐器演出。就像她在演讲中说的那样，这些演出"在最高法院繁重的工作中提供了一个最令人愉悦的休闲"。

But I Just Can't Quit

异 见 时 刻

Chapter
10

但我就是无法停止工作

伊琳：当你退出人们视线时，你希望因为什么而被人们记住？

金斯伯格：我希望人们记得一个发挥了全部潜能、尽全力做好了本职工作的人。也希望人们会说，这个人曾努力治愈社会伤口并发挥自己所能，让世界变得更美好了一点。

——微软全国有限广播电视公司采访，于 2015 年

金斯伯格不喜欢别人让她慢下来。2009 年年初，就在人们觉得金斯伯格即将退休时，她突然出现在了各种新闻报道中。没错，她是被诊断出了胰腺癌，但肿瘤很小且发现得很早。没错，当时新上任的总统是民主党人，参议院也正由民主党控制，如果金斯伯格此时退休，接替她的大法官将会是她认可的人选。但是金斯伯格还不想退休，她还有工作要做。

2 月 23 日，做完肿瘤手术后不到三星期，金斯伯格重回大法官席。在庭审口头辩论中，她面带微笑地提出了许多尖锐的问题。2 月 24 日，她与其他大法官一同参加了历史上第一位黑人总统在国会联席会议中的就职演讲。"我们中的一些人曾对她坚持不退休而感到生气，但我们错了，"大卫·施泽说，"我们一直叫她慢下来，放轻松一点。"他还送小说给她消遣，"但她统统拒绝了。"

一如往常，金斯伯格有着明确的目标。"第一，我想要让人们看到最高法院中并不是只有男人。"她说。然后，她冷酷地补充道，"而且我还想要让他们，特别是那个说我会在九个月内死掉的参议员，看看我不仅活着，而且还活得很好。"金斯伯格话里指的是预测她命不久矣的肯塔基州参议员吉姆·邦宁。总统就职演讲的那个晚上，她拥抱了这位新上任的总统。"我对金斯伯格大法官的感情很特别。"奥巴马后来说。而且这种感情是相互的。"从一开始，我们俩的关系就很融洽。"金斯伯格说。

　　十年前，金斯伯格第一次诊断出直肠癌时，癌细胞已经发展了一段时间。那次抗癌的经历让她对生活产生了一些新的看法。"当时我的工作和生活像是被撒上了一撮浓烈的特殊调味料，"金斯伯格在第一次痊愈后说，"不论我做什么，人们都会惊叹于我竟然还能做到这样的事情。"她又一次被诊断出癌症后，这种情况更甚。那一年的春天，约翰·罗伯茨大法官在庆祝金斯伯格就任大法官十五周年的致辞中"热烈祝贺金斯伯格到达了她任期的中间点"，并说："她赢得了人们的赞赏，不仅因为她有着崇高的职业道德、严谨的学术追求、精准的法律语言，还因为她彻底忽视有史以来所有人都遵循的白天工作晚上睡觉的时间表。"如果当时真的是金斯伯格任期的中间点，她将在九十一岁退休，仅比约翰·保罗·史蒂文斯大法官退休时大一岁。

　　但是，即便金斯伯格在公众面前展现了如此积极充沛的精神面貌，催促她退休的鼓点却从未停歇。奥巴马进行连任总统竞选时，哈佛法学院教授兰德尔·肯尼迪写的文章充分表达了内部人士私下的想法。肯尼迪曾任瑟古德·马歇尔大法官的法官助理，当时马歇尔大法官因为病重而不得不退休，这让当时在任的乔治·布什总统得以提名"终极保守派"

克莱因·托马斯接替了马歇尔的大法官席位。"试想，如果金斯伯格大法官退休时，白宫里掌权的是共和党的总统，"——2012 年总统选举中这件事可能会发生——"那么很有可能将会是一位女性版本的克莱因·托马斯替换了一位女性版本的瑟古德·马歇尔。"肯尼迪写道。理论上来说，肯尼迪的这个建议也适用于比金斯伯格年轻五岁的布雷耶。"包括我在内的许多人都非常欣赏金斯伯格和布雷耶在最高法院中做出的贡献，对我们来说，催促他们退休并非易事。但是他们不必拘泥于做贡献的形式，为继任者让位也算是一种贡献。"他写道。但是，只有金斯伯格，而不是布雷耶，被记者们拿着话筒追问为什么还不退休。

在贝拉克·奥巴马成功连任后，要求金斯伯格退休的喧闹依然没有停息——毕竟，2014 年民主党在参议院中可能会遭受一次严重的打击，所以奥巴马只有很短的一段时间可以再成功任命一位自由派大法官。（民主党后来确实受到了打压。）一些曾亲眼见证年长女性在职场中被排挤，或是自己曾被排挤的女性对于金斯伯格需要承受这些压力感到非常愤怒。长期撰文记录最高法院历史的作家琳达·格林豪斯直接将这归为性别歧视。"我的一些自由派法律教授朋友都在催促金斯伯格退休，我对此感到十分愤怒。"西尔维娅·劳，一位在二十世纪七十年代曾与金斯伯格共事的法律教授说，"金斯伯格是最高法院中一颗独一无二的珍宝。许多案件，特别是那些存在技术性法律细节的案件，你读判决书的时候不会觉得有什么，但是在你又读了金斯伯格的异议意见书后，你就会发现判决书写得太糟糕了。"

大法官们都不太愿意承认一个所有人都知道的事实，即他们与提名自己的总统价值观相近。每次金斯伯格被问到何时退休时，她总是谨言慎语，但其实话里自有深意。"现任总统下台后会上台一位新的总统，我希望那会是一位好总统。"她说。在另一次妮娜·托特博格对她的采访中，金斯伯格说得更为直白："我对 2016 年总统选举充满期待。"听一位记者说，你在有人大声宣称下一任总统将是历史上第一位女性总统时点了头。"是的。"金斯伯格回答道，"那可不是太棒了吗？"如果希拉里·克林顿当选总统，那可能将是金斯伯格退休的最佳时机，但现在，她依然坚守岗位，因为她热爱自己的工作。

金斯伯格对于何时退休有着自己的考量方式。"当我忘记了那些我现在可以毫不犹豫脱口而出的判例的名字时，"她说，"我就知道是该退休的时候了。"但她现在还没有准备好离开。

享受活着的每一刻

————

金斯伯格的朋友安妮塔·法耶尔最近拜访了金斯伯格位于水门大厦的公寓。"你想看看马丁的厨房吗？"金斯伯格这样问她。马丁死后，金斯伯格仍把它称为马丁的厨房。只是现在，在厨房里的是周末从纽约过来为母亲做饭的简。走之前，简会在冰箱里留下许多分别包装好的食物，每一份上都标明是"鸡肉"还是"鱼肉"。

"有时候我起床时她刚刚要去睡觉，"简说，"如果早上起来我看到当天的报纸已经被拿进来了，我会知道这并不是因为她起了个大早。"金斯伯格依然还是会在周末补上工作日缺失的睡眠。

马丁去世后，金斯伯格的生活慢慢形成了规律。马丁在世的时候，金斯伯格倾向于连续工作到所有事情都完成为止。但这时马丁就会告诉她，不如先睡一觉，这样早上醒来的时候，问题的答案就会变得清晰一些。"他是对的，"金斯伯格在马丁死后说，"有时候我觉得自己像是在迷宫之中，去睡觉的时候依然还在思考着该如何从中走出去，但当早上醒来的时候，我就看到了出路。只是现在再没有人会告诉我是时候去睡觉了。"

如果最高法院在早晨开庭，法警们需要确保开庭时金斯伯格是清醒的。"她没有咖啡不能活。"金斯伯格的孙女克拉拉说，有一个暑假她和金斯伯格住在一起，克拉拉发现，如果没有咖啡，"她没办法集中注意力"。

当被问到什么是她年迈之后最感惊讶的事时，金斯伯格一如往常干脆地回答道："没有什么让我感到惊讶。但是我学到了两件事。一是更要享受活着的每一刻，因为谁知道我还能活多久呢？到了我这个年纪，我必须抓住每一天。"她又说："在丈夫死后，我曾度过了一段十分艰难的日子。当时我们已经结婚五十六年，相识六十年。现在，他去世四年了，我在做着我想他希望我会做的事。"

金斯伯格的孙子保罗希望马丁还在，因为他一定觉得有件事非常好笑：几年前，身为演员的保罗到华盛顿看望金斯伯格。她让保罗选出一些他想看的优秀剧目。

一天晚上，他们在回家的路上，像往常一样，车里坐着两位警官——一位开车，另一位坐在副驾驶位上，"看起来很冷淡"。

保罗说："她问警官要不要打电话到剧院订票，顺便提前告诉工作人员她要去看戏，因为警官每次都需要提前做一些安全检查。车上的一位女法警问：'你要看的戏叫什么名字？'"金斯伯格选择了麦克·巴特利特的《阳具》。"叫作《阳具》。"她告诉法警。"她当时完全可以撒谎说戏的名字是'公爵的红马'之类的。"保罗说。这位法警尽忠职守地拿起电话，以金斯伯格的名义订了两张《阳具》的票。整个过程中，金斯伯格都镇定地坐在后座上。一直以来，她都是这家剧院的常客。

自由做自己

————

2015 年 4 月 28 日，三十七岁的律师丹·卡能在开庭前谨慎地遵循了最高法院诉讼中的所有规定。这是他第一次在最高法院开庭，即便今天他要辩论的"奥博格菲尔诉霍奇斯案"不是我们这个时代中最重要的民权案件，这件事也足以让人非常紧张了。这位光头的民权律师以前曾是音乐家，他今天将代表两对婚姻不被肯塔基州法律认可的伴侣出庭，他们是两位男性和两位女性。丹坐在律师席上，从那儿，他一伸手就可以抓到塞缪尔·阿利托大法官。当然，他没有这么做。

今天，最高法院外面飘扬着表达仇恨的海报，当然也有彩虹旗[1]和写着"祖父祖母为正义而战"的标语。还有一张写着"和我结婚吧，斯卡利亚"的海报。几个月来，金斯伯格多次被要求主动回避此案，因为她在最高法院推翻《婚姻保护法案》之后不久就担任了两场同性婚姻的证婚人。她没有理会这些要求。最高法院里，口头辩论正火热地进行着，一方提出，异性婚姻制度根植在上千年的传统中，所以同性伴侣不能结婚，金斯伯格反驳了这个观点。

"从前的婚姻制度中夫妻双方是不平等的，之后便发生了让它变得平等的改变。"金斯伯格打断了辩论说，"即便同性结合现在还无法融入婚姻制度，我们也可以对此做出改变。"她自己就曾是改变了婚姻定

---

[1] 从二十世纪七十年代开始，彩虹旗就是支持同性恋、双性恋和变性者的社会运动的标志。

226

义的参与者，这种改变使得婚姻不再依据性别来严格规定伴侣应承担的家庭角色，而视女性为财产的传统婚姻观不可能认可金斯伯格的婚姻观。

联邦副检察长唐纳德·韦瑞利当天代表联邦政府出庭，他穿了一件带燕尾的传统礼服。最高法院对于像卡能这样的律师也有相应的着装规定。"律师合适的装束是传统深色（即海军蓝或木炭灰）的保守正装。"在最高法院出庭律师的官方指南中写道。卡能依照该规定穿了海军蓝正装外套搭配天蓝色衬衫。在他来华盛顿之前，卡能收到了一份礼物，那是他在法学院的老友罗莉和她当老师的妻子克里斯特尔送他的。罗莉和克里斯特尔虽然在纽约结了婚，但儿子出生证上"母亲"一栏中却只有一个名字，因为肯塔基州选民确认的法律中规定她们的婚姻不算数。卡能的衬衫下有个小秘密：他穿着她们送给他的礼物，一件"声名狼藉的金斯伯格"T恤。

该案最终推翻了禁止同性婚姻的法律，肯尼迪撰写了判决书。但在最高法院台阶旁的庆祝活动中，飞驰而过的摩托车上飘扬的彩虹旗和卡通画里却大多印着金斯伯格的形象。在这个审判年度中，有许多判决保护甚至推进了民权立法的进程，这些法律包括《平价医疗法案》《公平住房法案》和《反怀孕歧视法案》。自由派惊讶于这些判决书都不是金斯伯格撰写的。但是，在保守派大法官们相互对立的时候，是金斯伯格成功团结了自由派大法官们。她总能找到办法赢得九票中第五票甚至第六票。金斯伯格暂时将自己愤怒的异议放在了一边。毕竟这一次，她支持的一方有可能赢得胜利，而金斯伯格想要的是胜利，而非大声表达观点。

但最高法院中的这种和谐可能时不久矣，主要原因并非自由派的激进发展，而是保守派的过度蔓延。罗伯茨成为首席大法官十年后，金斯伯格努力抗争的大部分成果已岌岌可危，其中首当其冲的就是女性生育权。最高法院即将考虑一些限制堕胎诊所的法案，而这些限制将对几百万女性的生活产生影响。

"在我们这个国家里，有权势的女性永远不可能得不到安全的堕胎。"金斯伯格告诉我。禁止堕胎，她说，只会"伤害那些没有能力去其他国家堕胎的女性"。而且，最高法院中的保守派也已经做好了向公共部门公会[1] 和平权行动开战的准备。

金斯伯格继续以自己特有的语言为女性发声，她和她的同盟抗争得到的进步正慢慢在生活中体现出来。2012 年，金斯伯格受邀在哥伦比亚法学院演讲，正是在这里，她曾作为唯一拥有终身教职的女性教授领导了女性权利抗争。在演讲中，她突然停顿了一下。"今天早上我经过了一个门上写着'哺乳室'的房间，"她说，"这个世界已发生了巨大改变。"金斯伯格比其他人都更有权说，是自己促成了这些改变的发生。

金斯伯格不愿多谈自己将为后世留下什么样的成果，因为这意味着她已经结束了抗争。但她愿意总结自己已经取得的成果。"在我的一生中，最让我心满意足的事情是我参与了一场能让生活变得更美好的运动，而这场运动的受益者不仅仅是女性。"金斯伯格说，"我认为性别歧视对所有人来说都是一件坏事，对男性来说是坏事，对孩子来说也是坏事。能够成为反对性别歧视运动中的一部分，我感到非常满足。想一想宪法的开头，'我们美利坚合众国的人民致力于建立一个更完善的联邦'。

[1] Public sector unions，主要致力于保护劳工权益、改善工作环境和确保工资公平。

我们仍在努力建设一个更完善的联邦。这意味着'我们人民'中应当包括更广泛的人群。"这是金斯伯格努力了一生的目标。现在仍在进行中。

一、如何像金斯伯格一样

为你相信的事业而奋斗

金斯伯格看到了这个世界中存在的不公，并竭尽所能去改变这些不公。尽管"想要克服冷漠、自私和焦虑的心理并非易事"，金斯伯格说，但她鼓励我们"努力去愈合社区、国家和世界的伤口，帮助穷人、被遗忘的群体，以及那些受到压迫或被怀疑的人"。

但谨慎选择你的战场

在女权主义发展起来之前，金斯伯格在生活中一直告诫自己愤怒毫无用处。"我的办公室中放着埃莉诺·罗斯福的塑像，这位伟大的女性曾经说过，'愤怒、憎恶、嫉妒，这些情绪只会白白消耗你的能量'。"金斯伯格说，"除此之外，它们毫无用处，所以赶紧摆脱它们。"要像金斯伯格一样发表异议，你需要在尝试了其他办法之后，只在那些真正重要的事情上公开表达你的愤怒。

也不要不留退路

"为你在乎的事情抗争，"金斯伯格建议年轻的女性们，"但要以一种能够吸引同盟的方式来进行。"金斯伯格总是告诉法官助理们，要以客观友善的态度来阐述对手的观点，决不能人身攻击。她总是谨慎客观地陈述事实，因为她相信事实本身就已是足够强大的武器。

不要害怕承担领导责任

金斯伯格相信"在所有需要做出决策的地方，女性都应有一席之地"。曾有一度，许多女权主义者认为女性领导力与男性有着本质的不同，但金斯伯格认为这种夸大男女性别差别的观点存在很大的问题："这种观点认为，想要不被男权观点腐化，女性必须避免内化'传统的'价值观，而且如果赋予女性机会的体制本身是不正当的，那么女性就不应该利用这些机会。"但金斯伯格利用自己取得的地位来代表那些被压迫的群体，并领导他们努力改变社会制度。而最近，就在她的领导下，最高法院中的自由派大法官们得以团结一致。

想一想你到底想要什么，并为之付出努力

当年轻的金斯伯格面临着需要一边照顾年幼的孩子、一边学习法学院课程的难题时，她的公公告诉她："如果你真的想要学习法律，你会找到方法的。你会做到的。"金斯伯格说："在那之后，我思考所有问题时都会这样问自己，我真的想要这个东西吗？如果是，我就会去做。"

但是要享受那些让你感到快乐的事

金斯伯格经常出去玩，很经常。

提携后辈

"金斯伯格从来不追求成为某个岗位上唯一的女性，她也从来不想做那个没人可以超越的超级巨星。"金斯伯格的女权律师同事玛西亚·格林伯格说。金斯伯格提携了众多女权律师，并且快乐地欢迎了索托马耶尔和卡根加入最高法院。

有幽默感

多一点幽默感对人生大有裨益。

二、金斯伯格最喜爱的马丁食谱

《最高大厨》节选
牛奶炖猪排

原料：

　　1 汤匙黄油

　　2 汤匙植物油（非橄榄油）

　　2.5 磅烤猪肋排

　　粗盐和现磨黑胡椒

　　2.5 杯（或更多）全脂牛奶

制作过程：

　　把肉从排骨上整块剔下来后分为两到三份。留着骨头，之后还会用到。不要剔除肉上的脂肪。

　　准备一个可以容纳所有肉和骨头的厚底锅。在锅中放入黄油和植物油，开中火。等黄油产生的浮沫消退之后，把肉带脂肪的一面朝下放入锅内。一面煎到金黄后翻面，确保整块肉都煎到金黄后将肉拿出放到盘中。把骨头放入锅中也煎到金黄后，把肉放回锅中。

　　加盐、胡椒和一杯牛奶。加牛奶时开小火慢慢加入，不然牛奶很容易煮开溢出。加入牛奶炖大约三十秒后把火调到最小，盖上锅盖，只留一条小缝。用小火炖大约一小时，不时给肉翻面，直到牛奶（因为蒸发）凝固成乳黄色的小块。这个过程可能会需要超过一小时。

　　当锅里的牛奶变成凝固状态后，再次小心地慢慢加入一杯牛奶。炖大约十分钟后盖紧锅盖，关小火再炖三十分钟。

三十分钟后，锅盖开一条小缝，开中火，并不时给肉翻面。当你看到锅里已经没有液体牛奶时，小心地加入最后半杯牛奶。继续用小火慢炖，不时给肉翻面，直到用叉子叉肉的时候可以感到已经完全煮软，而且所有牛奶都已经凝固成了乳黄色的小块。在牛奶中炖肉的过程一共需要大约三个小时。如果在肉完全煮熟前锅里的牛奶已经全部蒸发完了（虽然发生的可能性不大），那么再加入半杯牛奶继续炖。

　　等肉煮软而且锅中所有牛奶都已经凝固为深色的小块后，把骨头挑出扔掉，把肉盛出到砧板上，稍微冷却一会儿后，切成四分之一到二分之一英寸宽的片。

　　然后，去掉锅中和勺子上的大部分脂肪，可能会有很多。但要保留所有凝固的奶块。现在向锅中加入三汤匙水，开大火烧开，同时用勺子把炖奶时留在锅底和锅边的残留物刮到水中。烧开后，把锅中的汤汁浇到猪肉上后就可端上桌享用了。

　　注意：另外一种方法是使用两磅的无骨猪五花肉。五花肉比较容易处理，因为无须处理骨头。而且老实说，五花肉比猪排更多汁，只是切片时会比较难切得整齐。

三、歌曲《精彩的金斯伯格》

———凯莉·科斯比与贝丝·盖文共同创作

【引子】

是的——这首歌献给所有那些说因为我是女的所以我什么也不是的法官，献给所有那些在我挣扎时依然住在自己象牙塔里的人，献给那些试图把苏珊·安东尼印到一美元纸币上就想收买我的人，以及所有那些在挣扎中的女性，你知道我在说什么对吧？

【正歌】

这曾经都是梦

当我在"里德诉里德案"中辩论时

当曾经他们把欧康纳放在华盛顿特区

珍妮特·雷诺[1]做了决定

狡猾的威廉[2]选我上座；而我现在已经准备好了

我用颈饰搭配黑袍

边品茶边读对手的意见陈述

很久以前，当我遇到炮轰时我就后退

[1] Janet Reno，1993 年由比尔·克林顿总统任命为美国联邦首席检察官，她是美国历史上第一位女性联邦首席检察官，于 2001 年退休。

[2] 指的是比尔·克林顿。比尔·克林顿原名其实是威廉·克林顿，比尔是威廉常见的昵称。

看看我现在的地位

记得弗兰克福特吗，哈哈，哈哈

他永远都不会料到一个女人可以走这么远

现在我在聚光灯下是因为我的决定正确

虽然最高法院向右倾斜，但总被引用的却是我的异议

出生虽是罪人，但我绝对是赢家

不像他们，我保卫女性权益，我是"她"

安息吧威廉，吉米 [1]，猜猜还有谁?

欧文·格里斯沃尔德，美国民权同盟

我永久地炸开了玻璃天花板

打电话给办公室，一样的号码一样的兜帽

一切都好

嗯……如果你以前不知道，现在你知道了，尼诺

【副歌】

你一直在为平等权益抗争

从琪琪到金斯伯格，你到达了那样的高度

你永远都在抗争，为了平等正义

我们眼中的女主角，而原旨主义者们 [2] 对此也毫无办法

[1] 指的是吉米·卡特总统。

[2] 宪法学中的原旨主义指的是除非经过正式修宪程序，在解读宪法时必须受到宪法原意的约束，不得改变其在最初通过时的原意。

四、《斯卡利亚／金斯伯格：
歌剧风格的（温柔）诙谐诗》

——德里克·王作品

斯卡利亚：

> 最高法院太多变
>
> 就像它从来、从来都不懂法律
>
> 大法官们都瞎了！
>
> 他们怎么可能会写出这样的东西？
>
> 宪法对此根本提都没提
>
> 那个他们供若神明的权利
>
> 文件上什么时候写了？
>
> 立宪者们没有这个权利不也撰写签署了流芳百世的文字吗？
>
> 宪法对此根本提都没提！
>
> ……

金斯伯格：

> 我要告诉你多少次，
>
> 亲爱的斯卡利亚大法官先生：
>
> 你可以免除我们多少痛苦
>
> 如果你能够稍微考虑一下这个观点……

（那么你可能会放松你严肃的姿势）

你在徒然地搜寻着明确的解决方案

为着一个不那么容易解决的问题

但是我们宪法美丽的地方

在于，就像我们的社会，它可以发展

我们的立宪者们，当然，是富有远见的伟人们

但当时的文化限制了他们的眼光

所以，我相信，他们把问题交给了我们

以允许一些解读可以形成——并发展

五、向金斯伯格致敬

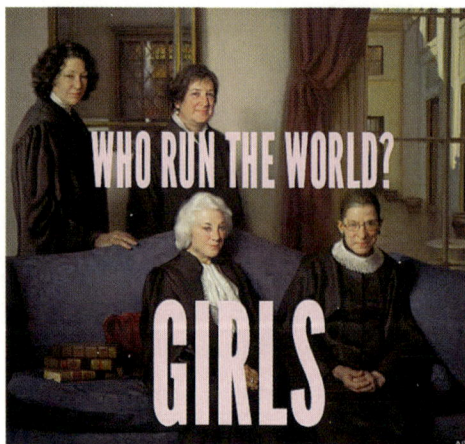

ALL THEM FIVES NEED TO LISTEN WHEN A TEN IS TALKING

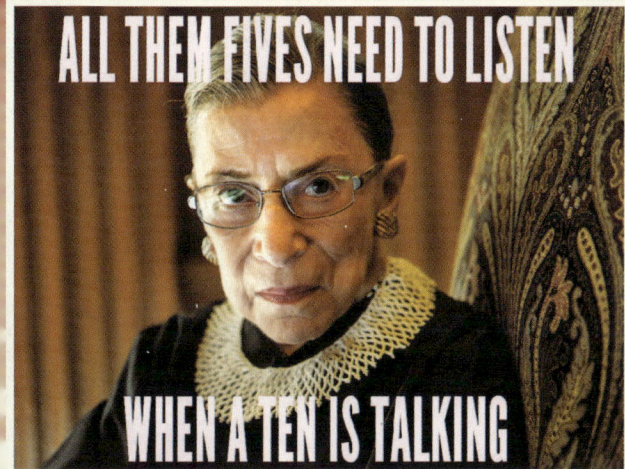

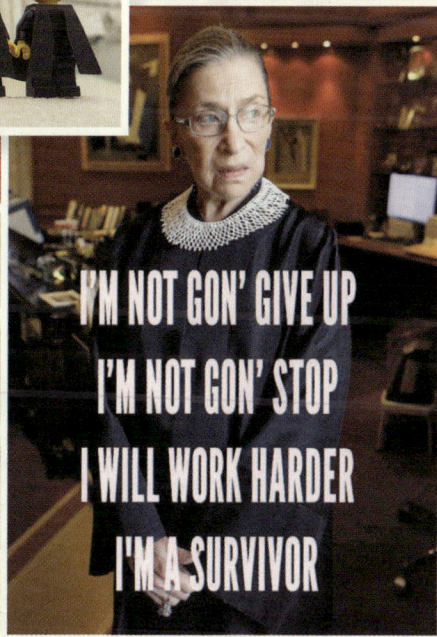

Woke up like this
flawless.

Supreme Court steps
flawless.

Alito stepping-
flawless.

writing a dissent
flawless.

Ruth Bader Ginsburg
'Herstory in the making'

I'M NOT GON' GIVE UP
I'M NOT GON' STOP
I WILL WORK HARDER
I'M A SURVIVOR

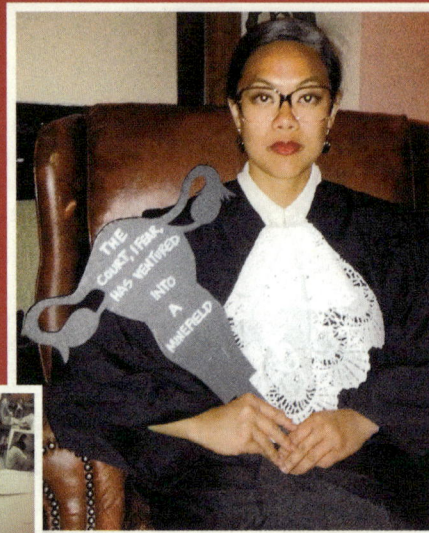

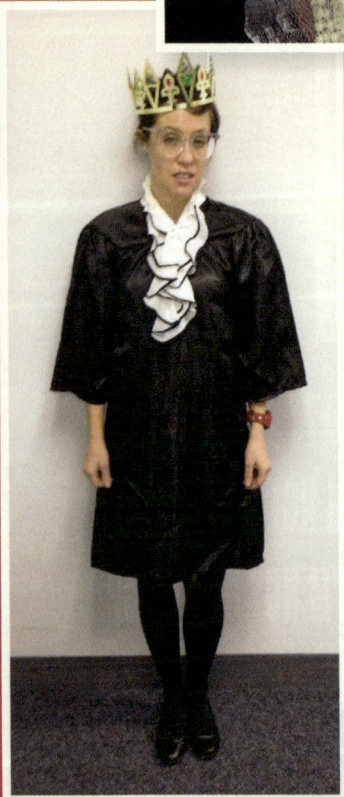

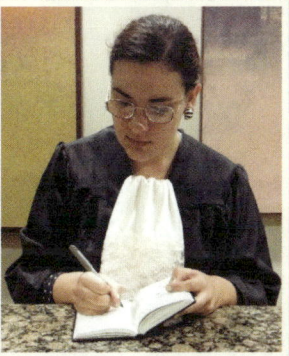

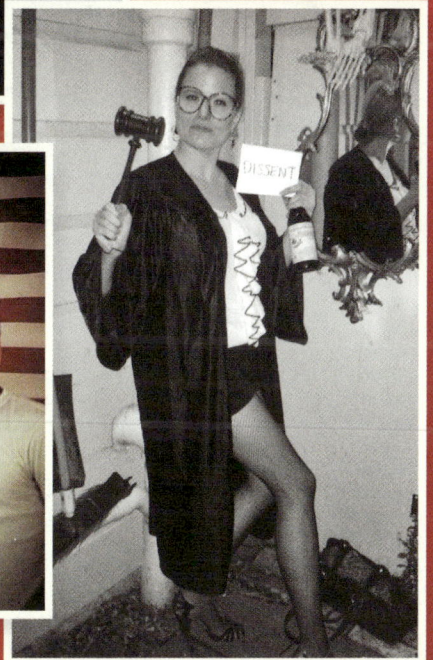

致　谢

这本书的诞生离不开戴伊街书局出版社编辑茉莉亚·雪菲茨的不懈努力。我们对她的智慧、毅力和耐心深表感谢。我们还要对戴伊书局中以下人士为本书不知疲倦的付出表示感谢：肖恩·纽考特、约瑟夫·帕帕、戴尔·罗哈博夫、苏伊特·庄、塔尼亚·利特、露西·阿尔巴内赛、香农·普伦基特、凯蒂·里格尔、林恩·格雷迪、亚当·约翰逊、欧文·科里根、迈克尔·巴尔斯、尼亚梅可耶·瓦里亚亚和扎吉雅·贾马尔。

金斯伯格大法官的家庭成员，包括简·金斯伯格、詹姆士·金斯伯格，克拉拉·斯佩拉和保罗·斯佩拉，友善地向我们展示了他们的生活，对此我们十分感谢。我们也很感谢金斯伯格大法官的朋友、同事和前法官助理们对本书的贡献。我们的法律团队，包括塞缪尔·巴根斯通斯、大卫·科恩、亚娜·尼尔森、玛格·施伦格、瑞娃·西格尔和尼尔·西格尔为我们把关了有关法律的内容，我们对他们深表感谢。伊拉娜·布罗德和戈特利布·洛克曼，以及瑞斯曼代理公司的乔纳森·马尔基慷慨地为本书中有关知识产权的问题提供了指导。

最高法院中的许多工作人员都为本书提供了宝贵的资源与支持，包括金斯伯格大法官办公室里的金柏莉·麦肯基，公共信息中心里的凯西·阿尔伯格、帕特里夏·麦凯布、埃斯特拉达、安妮·斯通、泰勒·洛佩兹和莎拉·沃森纳，最高法院历史记录办公室里的斯蒂夫·佩特威、丹尼尔·斯隆、凯瑟琳·菲兹和莉莎·利伯曼，还有最高法院历史学会里的克拉拉·库什曼。特别鸣谢他们在我们紧张的写作时间表上提供了及时的帮助。

在写作的过程中，我们还得到了许多档案保管员及其所在机构的帮助，包括哥伦比亚法学院的丽贝卡·拜尔、罗特斯法学院纽瓦克分校的珍妮特·多诺霍、康奈尔大学的艾莎·尼利、哈佛法学院的莱斯利·舍恩菲尔德、美国民权同盟新泽西分部的黛博拉·霍利特、詹姆士·麦迪逊高中的罗琳·伊索，以及布雷亚丽学校的丽莎·米勒。我们对美国民权同盟的勒诺拉·拉皮德斯和伊琳·怀特，罗格斯大学的凯瑟琳·马哈尼和朱迪斯·韦斯，以及作家约翰·瑞雷为本书做出的额外研究贡献表示感谢。感谢威廉·布莱克和汉斯·哈克与我们分享他们对法官口头异议做出的研究。在国会图书馆的手稿部门，刘易斯·怀曼和杰弗里·弗兰纳里为我们指引了方向。索尼音乐公司的布莱恩·雷诺和莱西·切穆萨科，以及"声名狼藉的金斯伯格"的版权所有者为我们提供了帮助。迈卡·费泽曼－布卢和弗兰克·威廉·米勒二世提供了非常重要的讲解。

最后我们对各个社交媒体上的"声名狼藉的金斯伯格"社团表示感谢，谢谢你们如此给力。

伊琳的致谢

　　我的代理人，大卫·布莱克代理公司的琳达·洛文塔尔，从一开始就是我最坚定的支持者。我智慧的朋友、老师和亲爱的女权主义者安娜·福尔摩斯和丽贝卡·特雷斯特用自己的方式让这本书的出版（以及我职业发展中的很大一部分）成了可能。蕾切尔·德里以一如往常的慷慨而有洞察力的态度阅读了这本书的书稿。

　　在微软全国有线广播电视公司，贝丝·福希、达夫娜·林兹、理查德·沃尔夫、伊微特·麦莉和菲尔·格里芬让我得以在各大平台上报道有关女性权益的内容，并且为本书的写作提供了温暖的支持。感谢蕾切尔·玛多支持我对金斯伯格的采访，同样感谢塞尔维·哈勒让这个采访变成了现实。耶鲁法学院的人们，特别是普莉希拉·史密斯、瑞娃·西格尔和杰克·巴尔金不仅张开双臂欢迎了我，还教会了我许多东西，同样感谢玛戈特·卡敏斯基。不论是在个人还是专业层面，我都从最高法院中那些聪敏的历史记录者身上学到了许多，他们包括琳达·格林豪斯、杰弗里·图宾、达利娅·利兹维克、莱尔·丹尼斯顿、乔安·比斯库皮克、皮特·威廉姆斯和阿特·里恩。桑德拉·巴克和伊丽莎白·格林不仅给了我她们的友谊，也与我分享了许多她们从艰难的经历中学到的课程。我感谢莫莉·陈、克里斯汀·格雷西亚、史蒂芬·赫尔罗德、阿梅利亚·莱斯特、凯基－莉娜·罗梅罗、斯特拉·萨福、亚当·瑟沃尔、阿米娜托·索乌、莎拉·塔克和贝丝·维克勒等人，在我心中，他们既是朋友，又是师长。

　　以太、艾拉、达利娅、耶尔和丹尼，这些小捣蛋鬼是我的一切。拥有哈盖和罗科菲特·卡门作为我的父母和慷慨的支持者，我非常幸运。金斯伯格曾说过，拥有一位"支持你的男人"非常重要，但我非常幸运，因为我不仅拥有支持。谢谢你，阿里·里希特，谢谢你用善良、快乐和爱见证着我经历了这一切。

莎娜的致谢

感谢我的代理人琳赛·埃奇库姆和莱文/格林伯格/罗斯坦文稿代理商丹尼尔·格林伯格，在他们的指导下我才能走完这个对我来说完全陌生的过程，其中的每一个阶段都是他们在为我争取利益。我感谢安珂·曼得哈尼亚在脸书上首次发了一条有关"声名狼藉的金斯伯格"的状态，正是他的状态引起了这整个现象。我也要感谢我的朋友兼同事弗兰克·希，没有他提供的建议和他公寓中的空房间，我没办法去华盛顿那么多次。

在我法学院的第三年，纽约大学法学院的教授兼副院长兰迪·赫兹和法律援助协会布朗克斯分部青少年权益部分的朱迪斯·哈瑞斯律师是我最珍视的导师和支持者，他们不仅在我法律学习和许多其他方面都给予了帮助和鼓励，也是我一直以来最大的鼓舞。

在纽约大学，我感谢迪尔德丽·冯·多尔努姆、诺曼·多塞、西尔维娅·劳、亚瑟·米勒、特雷弗·莫里森和伯特·纽伯恩愿意成为这个项目的一员。我同样感谢我在以下这些组织中的同伴，他们给我在各个阶段提供了指导、看法和有益的消遣：青少年犯罪辩护中心，《法律评论》，诙谐剧《法律评论》，法律和代表联盟，同性恋、双性恋及变性者联盟，"实际演出"歌唱团和辩护者联盟组织。

我感谢我长久以来的老师兼朋友米娅·艾斯纳－格林贝格，在我成为律师和现在模样的道路上她提供了诸多帮助。我还想感谢我在哥伦比亚模拟法庭中的学生和同事们，是他们让我的挣扎变得有价值。

感谢我所有在费城和纽约的朋友们：是你们让我在这个过程中保持理智，生命中一直有你们的存在我非常幸运。

我的父母鲁达和尤里·卡兹尼克和我的兄弟艾德·卡兹尼克的支持是我人生的动力——没有他们，我真的不可能做到这件事。最后，感谢席勒拉·辛普森忍受我那么多次的熬夜，照顾我，并且在整个过程中充满爱意地陪在我身边。

图片说明

RBG, Photo by Mark Wilson/Getty Images

Chapter 1: "声名狼藉"

Chapter 2: 这场游戏我已经玩了很多年

Chapter 3: 我有个故事要讲

Chapter 4: 错误理解女性刻板印象

Chapter 5: 不要让他们拖你的后腿，伸手去够星空

Chapter 6: 真爱

Chapter 7: 我最好的队友们

Chapter 8: 你的话让我着迷

Chapter 9: 我就是爱你张扬的样子

Chapter 10: 但我就是无法停止工作

附　录

致　谢

图书在版编目（CIP）数据

　　异见时刻："声名狼藉"的金斯伯格大法官 /（美）
伊琳·卡蒙（Irin Carmon），（美）莎娜·卡尼兹尼克
（Shana Knizhnik）编著；骆伟倩译. — 长沙：湖南文
艺出版社，2018.9（2025.11重印）
　　书名原文：Notorious R.B.G.
　　ISBN 978-7-5404-8775-1

　　Ⅰ.①异… Ⅱ.①伊… ②莎… ③骆… Ⅲ.①鲁思·
巴德·金斯伯格—传记 Ⅳ.① K837.125.19

中国版本图书馆 CIP 数据核字（2018）第 140912 号

著作权合同登记号：图字 18-2018-143
上架建议：传记·法律人物

THE NOTORIOUS RBG: The Life and Times of Ruth Bader Ginsburg
Copyright © 2015 by Irin Carmon and Shana Knizhnik
Published by arrangement with ItBooks, an imprint of HarperCollins Publishers

YIJIAN SHIKE: "SHENGMING-LANGJI" DE JINSIBOGE DAFAGUAN
异见时刻："声名狼藉"的金斯伯格大法官

著　　　者：［美］伊琳·卡蒙　莎娜·卡尼兹尼克
译　　　者：骆伟倩
出 版 人：陈新文
责任编辑：薛　健　刘诗哲
监　　制：邢越超
策划编辑：李齐章
特约编辑：李乐娟
版权支持：辛　艳
营销支持：刘斯文　周　茜
装帧设计：利　锐
出版发行：湖南文艺出版社
　　　　　（长沙市雨花区东二环一段 508 号 邮编：410014）
网　　址：www.hnwy.net
印　　刷：河北鹏润印刷有限公司
经　　销：新华书店
开　　本：787mm×1092mm　1/16
字　　数：203 千字
印　　张：16.75
版　　次：2018 年 9 月第 1 版
印　　次：2025 年 11 月第 7 次印刷
书　　号：ISBN 978-7-5404-8775-1
定　　价：78.00 元

若有质量问题，请致电质量监督电话：010-59096394
团购电话：010-59320018